ちょっとしたことでうまくいく

発達障害の人が会社の人間関係で困らないための本

對馬陽一郎
安尾真美 著

林寧哲 監修

SE
SHOEISHA

はじめに

・報連相がうまくいかない。いつ何を連絡すればいいのかわからない
・何も悪いことをしたつもりはないのに、だんだん同僚の態度が冷たくなる
・会議に参加しても、話についていけない。何を発言すればいいのかわからない

仕事の中で、実務よりもこうした他人とのやりとりに悩むことはないでしょうか。

発達障害を抱える人の悩みは多種多様で、その解決策もまた人それぞれです。本書のテーマである人間関係についても同じで、発達障害を抱えていても表に見える性格はいろいろです。笑顔も作れるし、雑談を楽しむこともできるのに、仕事のやりとりになるとズレや聞き間違いが出てしまう人。メールや文書なら何の問題もなく社会人らしいやりとりができるのに、面と向かうと何も話せなくなってしまう人。他の人と同じようにやっているつもりなのに、なぜか怒られたり嫌われたりしてしまう人。いずれの人も、解決策が見えずに悩みを抱えてしまっています。

「自分はコミュニケーションに自信がある」と断言できる人は多くないと思います。他人とうまくいかなかった経験は、誰にでもあることでしょう。そもそも、「コミュニケーションとは何か」という定義自体が難しいのです。けれども発達障害を持たない人は、コミュニケーションに「何を努力すればいいのか」を何となく感じ取って指針にできます。失敗をしたら、反省して次に活かすことができます。

発達障害が濃くなると、この指針がないままに人と接することになります。努力しろといわれても、何を努力すればいいのかもわからないのです。場面、相手、キャラクター、いろいろな要素によって、全部「正解」は違ってきてしまうからです。

ある場面でやりとりがうまくいかなかったとき、「コミュニケーション」が悪かったのは相手なのか自分なのか。「全部相手が悪い」「全部自分が悪い」、どちらの考えも弊害を起こします。「善悪でいえば向こうが悪いけど、それをうまく収められなかったあなたの対応が悪い」といった場面は社会で頻繁に起き得ることですが、こうした指摘は発達障害を持つ人をいつも悩ませます。

ですが、仕事であればある程度は「正解」の範囲を絞ることができます。本書は仕事の中で、教えてもらえないままに「常識」としてぶつかりやすいコミュニケーション上のルールやマナー、考え方について記しています。こうしたルールやマナーは、注意はされても何が悪いのか、どうすればいいのかはっきり教えてもらえません。ルールやマナーの不足を、相手に率直に伝えること自体が失礼という認識があること、状況によって応用しなければならないため端的な説明が難しいなどの理由からです。ビジネスにおけるルールやマナーは、今は研修で教える会社も増えてはいるものの、そうした機会もないまま社会に出た人にとっては経験することで身につけるしかないものです。しかし、たとえばＡＳＤ的傾向がある人にとっては、観察からこうしたルールやマナーを学び取るのは困難です。あらかじめ何がルール・マナーなのかを知ることで、他人の所作を観察するポイントもわかりやすくなるでしょう。

また聴覚過敏や、話のポイントが絞りにくいといった障害からくるコミュニケーションの問題についても解説しています。会議が苦手、報告が苦手といった状況ばかりでなく、何が理由で会議や報告が苦手になっているのかを絞ることで、その対策を考えるきっかけにしていただきたいと思っています。

本書を手に取っていただいた方には、それぞれいろいろな理由や立場があると思います。もしご自身ではなく、身近に「発達障害らしい」方がいて、その方の行動に悩まれて本書を手に取っていただいたとしたら、願わくば「もしかしたらあの人も、こういうことで悩んでいるのかもしれない」という共感を持って読んでいただければ幸いです。障害の自覚のない人にいきなりこの本を直接渡して読んでもらおうとしても、おそらく解決にはつながりません。まずは当人への（発達障害への、ではなく）理解が、問題解決への一番の道筋と考えます。そうした理解のために本書がお役に立てるなら、何よりうれしく思います。

あらかじめ知識を持っておくことは、安心につながります。本書を手に取ってくださった方は、今社会で頑張っている、あるいはこれから頑張ろうとしている方だと思います。本書が、そうした方たちが会社で人間関係を築いていくために、少しでも安心して頑張っていくための手助けになれれば幸いです。

２０１８年４月

特定非営利活動法人さらプロジェクト
對馬 陽一郎、安尾真美

第1章 第一印象で良く思われたい
——身だしなみ、距離感

第2章 指示受けがうまくできないのを何とかしたい
——聞く力を養う

第3章 コミュニケーションのビジネスマナーがわからない

——社会人としてのマナー

第5章 会議などの1対多のコミュニケーションをうまく取りたい ——会議・雑談

Point 1
発達障害の方が仕事で直面するさまざまな人間関係に関する悩みの事例を紹介しています。

仕事が断れず、処理しきれない

対策
○自分のやる仕事、やった仕事を記録して管理する

事例 自分にばかり仕事が割り振られてしまう

営業部のAさんがニコニコ顔でやってきて、「○○さん、これもお願い」と書類を置いていく。いつものことなので条件反射的に「はい、わかりました」と返すが、頭の中は不満でいっぱいだ。事務は私ばかりじゃないのに……。けれど断るのも角が立ちそうだし、断る理由も思いつかないので結局引き受けるしかない。

上司に相談もしてみたが、「うまくやってよ。忙しいのは君だけじゃないよ」と言うばかり。今日も残業するしかないけど、今度は「残業が多いね」と言われて忙しいのに評価もまったく上がらない。

原因 コミュニケーションと自分の仕事の把握が苦手

仕事の内容そのものは自分に合っていて、仕事ができるタイプの発達障害の人も多くいる。とはいえ、それでもまったく問題が出ないわけではない。特によく見られるのが、仕事を断れずに過重労働になってしまうことだ。

こうなってしまう原因として、まず考えられるのが**仕事はできても周囲とのコミュニケーションが苦手である**ことが挙げられる。周りとうまくコミュニケーションが取れないため、チームでやる大きな仕事が回ってこない。一方で、一人で完結する仕事ならうまくこなせるので、自然に単発仕事が流れてくることになる。一人で抱えている仕事なので他の同僚には当

122

Point 2
どのような原因で事例の特性が出るかを、医学的にアプローチしています。

本書の特長

Point 3
医学的なアプローチではなく、現場の人が人間関係の悩みに対応するために編み出したやり方を解説しています。

人がどれだけ忙しい状況なのかわからないし、単発の仕事なのでそれほど負荷もかからないだろうと考えられてしまう。

　仕事を断るにしても、今度は別の苦手が関わってくる。ASDでもADHDでも**段取りを立てて仕事をすることが苦手**だが、これには仕事全体の把握や管理についても含まれる。仕事をいろいろ請け負っていくうちに、自分が今どれだけの仕事を請けていて、どれほど忙しいかの管理もできなくなってくるのである。だから他人に比べて、自分が忙しいのかどうかもわからない。新しくきた仕事をそもそも断るべき状態なのかどうかも判断できなかったりするのだ。

　また発達障害の人全般に見られる傾向として、自分への自信のなさから**周囲の要望を無制限に受け入れてしまい、断ることができない**という問題を抱えている場合がある。上司に相談もできず、負荷ばかり増えてしまっている人も多い。

解決法　自分のやる仕事、やった仕事を記録して管理する

　単発の仕事が次々舞い込んで管理しきれなくなっている場合は、対策として**仕事の記録をつけておく**。記録する内容は業務内容、依頼者、締切り、開始日、終了日だ。

　もともと自分の業務だった場合は、依頼者は「自分」とする。開始日は依頼を受けた日でも良い。

　忙しいときに仕事を頼まれた場合は、相手にこの表を見てもらいながら一緒に締切りを考える。相当に忙しい状況であると相手に理解してもらうのにも、表にまとめておくのは有効だ。

　自分の仕事を記録しておくと、また別の役にも立つ。賞与などの評価の際、自己評価表を出したり評価面談を受けたりする際の資料になることだ。自分がどれだけ職場に貢献しているのか、上司に認めてもらうきっかけにもできる。

仕事の記録の記入例

業務内容	依頼者	締切り	始	終
A社○○様に祝電	□□課長	8/3	8/2	8/2
出張申請書処理	営業部××さん	8/23	8/21	8/23
8月度交通費処理	自分	8/30	8/22	
⋮	⋮		⋮	⋮

123

Point 4
発達障害支援の現場で生み出した「手前」のつまずきをなくしていくためのヒントが満載です。

発達障害の種類

本書では、現在働いている方もしくはこれから働き始める方に向けて、仕事上の人間関係でつまずきやすい点への対策案を紹介しています。

発達障害にそれほど詳しくなくても、「ADHD」とか「アスペルガー症候群」といった言葉は聞いたことがあるかもしれません。最近、雑誌やテレビでも取り上げられることの多くなった言葉です。

発達障害にもいろいろな種類がありますが、「ADHD」や「アスペルガー症候群」というのは、その発達障害の種類のひとつです。

ADHDとASD、ASDとLDなど、複数の発達障害の特徴が当てはまることもあります。この場合、医師から複数の発達障害の診断が下りる場合もあります。

発達障害の診断は難しく、専門医がさまざまな検査を行って慎重に判断するものです。発達障害の傾向があるからといって障害があると決められるものではなく、自己判断はもちろん、専門家以外の人間が見ても判断できるものではありません。

発達障害自体、まだまだ研究が進められている段階で、ADHDやASDといった名称もこれから変化があるかもしれません。映画などで描かれることで知られることになった「アスペルガー症候群」についても、現在の診断ではASDの中に吸収されています。

それぞれの障害について、次ページで簡単に特徴を並べてみます。なお、これらの特徴は一般的なもので、実際には人それぞれで違いがあることを先にお断りしておきます。仮に全部の特徴に当てはまったとしてもその障害であるとは限りませんし、診断が出ている人でも当てはまらない特徴もあります。

ADHD/ADD
(注意欠陥・多動性障害)

特徴

不注意で気が散りやすく、何かを思いつくと衝動的に行動してしまいます。一方でやらなければならないことになかなか手をつけられない、先延ばし傾向も特徴のひとつです。

ADHDの特性

- 人の話に集中できず、しばしばよそ見をしたり聞き逃したりしてしまう
- 衝動的に思いつきを口にしたり、実行したりして仕事や人間関係に悪影響を与えてしまう
- 長期的な仕事になかなか手がつかず、締切り間際になるまで取り組めない
- 時間を守れなかったり、時間の見込みを立てて行動したりするのが苦手
- ケアレスミスや忘れ物が多い

ASD
(自閉スペクトラム症)

特徴

自閉症・高機能自閉症・アスペルガー症候群などを含めた障害の総称です。PDD（広汎性発達障害）と呼ばれていたものと、ほぼ同じ意味になります。

ASDの特性

- 同僚や上司との距離感がわからず、良い関係を築くことができない
- コミュニケーションを取ることが苦手で、報連相が少ない、あるいは過多になる。指示を受けても要点をとらえられない
- 客観的に自分を見ることが難しく、自分の身だしなみや言動に無頓着
- 複数の仕事や予定をうまく管理できず、約束を忘れたり締切りを破ったりしてしまう
- 年相応の社交性がなく、他人との衝突が多い
- ネガティブな印象を与える言葉をそれと知らず使ってしまう

LD
(学習障害)

特徴

他の面では問題がないにもかかわらず、ある特定のことだけが極端に苦手になる障害です。何が苦手になるかは人によって異なります。その理由や程度もそれぞれ違いますが、「読めない」「書けない」というくくりで同じ障害として分類されています。

LDの特性

- 字をうまく読めない。黙読はできても声に出して読むことができない場合や、字そのものをうまく認識できない場合など人によって違いがある（読字障害）
- 字をうまく書けない。字を書くのに非常に時間がかかる。あるいは左右が反転したり部首の配置がバラバラになったりと、字の形が崩れてしまう。隣に正しい字を置いて書き写すだけでも困難な場合もある（書字障害）
- 計算がうまくできない。数字や記号をうまく認識できなかったり、2つの数字を並べてもどちらが大きいか判断できなかったりする（算数障害）

読者特典ダウンロードのご案内

本書の読者特典として、「業務整理票」「外出チェックシート」「電話応対メモ」「報連相シート」をご提供いたします。

本書の読者特典を提供するWebサイトは次の通りです。

提供サイト

https://www.shoeisha.co.jp/book/present/9784798154879

ファイルをダウンロードする際には、SHOEISHA iDへの会員登録が必要です。詳しくは、Webサイトをご覧ください。

※コンテンツの配布は予告なく終了することがあります。あらかじめご了承ください。

第 1 章

第一印象で良く思われたい

身だしなみ、距離感

人の第一印象は、初見のかなり短い時間で決まってしまう。しかし、逆にいえば第一印象、つまり身だしなみやあいさつは相手からの印象を底上げしてくれる、結果を出しやすい「コミュニケーション術」になる。

スーツや小物の選び方がわからない

対策

- 専門店の店員に頼る
- スーツの着まわしは、ルーチンを決める

事例　身だしなみがなっていないと言われる

お客様に直接接する仕事のせいか、服装に対する上司からの指摘が厳しい。

量販店で適当に選んだものを着ていったら、「カジュアルすぎる」とか「派手すぎる」などと言われてしまった。同じようなものを着ていて、何も注意されない同僚もいるのに……。

これなら文句ないだろうとリクルートスーツを着ていったら、今度は「学生じゃないんだから」とため息をつかれてしまった。いっそのこと制服でも決めてくれたらラクなのに、一体何が正解なんだ。

原因　業種や着る人によっても基準が変わる出勤服

ASD傾向の人に多いのが、まずファッションそのものにそれほど興味がなく、服の選び方もよくわからないというタイプだ。学生時代までは単に「ファッションに興味ないから」「俺センスないから」で済ますことができていたのが、就職した途端に上司から強く注意されて悩んでしまうことになる。

次に多いのが、ファッションに興味はあるが趣味的な嗜好に偏りがちなタイプだ。派手な服を選びがちだったり、全身高級ブランドで固めてしまったりして周囲から浮いてしまう。

どちらの場合も、**みんなの服装から「何となく」その場の基準を読み取るのが苦手なことから、周囲から浮いてしまっている**。そのため、雰囲気に溶け込むことが要求されるような職場の場合には、それが課題となってしまうわけだ。女性の場合にはさらに「オフィスカジュアル」の職場も多く、服選びの困難さにいっそう拍車がかかってくる。

以上のような悩みが強い人は、自分の場合にはどんな服装が正解なのかを知っておくことが解決につながる。

ADHDの場合は、**不注意からくる身だしなみチェックの見落としが多い**。また時間管理の苦手が朝の多忙さとあいまって、髪を整えたり服を選んだりする間もなく家から飛び出してしまうこともある。お洒落が気になる性格だと、逆に何十分も身だしなみに時間を使って遅刻しがちということもある。

この場合には、朝の服選びにもなるべく時間をかけないような工夫が必要になってくるだろう。

解決法 専門店の店員は一番の味方

服選びは、知識のある店員に頼ろう

スーツを買おうと決めたなら、まずは予算を設定する。予算の額は選択の幅を狭めてくれるので、いざ購入というときに迷いを少なくしてくれる。

問題はどの程度の額に設定するかだが、一番良いのは**率直に上司や先輩に相談してみる**ことだ。このときに注意したいのは、相談相手は同性にすることである。日頃服装を注意されているなら、その上司に尋ねてみるのが一番だ。質問の内容だが、「1着、上下一式で定価いくらくらいのものを買っ

服選びの際に店員に伝えるべきこと

- 職場に合ったスーツを教えて欲しい
- 自分の仕事の業界
- 自分の職種
- 予算

ていますか」と聞いてみるのが良い。上司や先輩の購入額は、その職場の基準として信頼できる。

あえて「一般的な会社」として定義するのであれば、上下一式の定価で3～5万円前後であれば安すぎ・高すぎということはないだろう。定価でそれ以上安いものもあるが、避けたほうが無難だ。デザイン以前に耐久性に欠けて傷みが早く、結果として余計に負担がかかってしまう場合がある。

予算を決めたら、予算＋1万円程度の金額を用意して購入する店舗に行こう。どういった店を選ぶべきかは、予算によって異なってくる。明確な基準があるわけではないが、先に挙げた3～5万前後の予算であれば専門の量販店に行くのが良い。女性の場合、近場にレディーススーツの専門店があるのなら、そちらに足を運ぼう。ネットで「レディース　スーツ　専門店」などで検索し、近くの専門店を探してみよう。近所にそうした専門店がなければ、紳士服の専門店でレディースコーナーの広い店を選ぼう。

業種・職種の都合でもう少し上の予算になるようだったら、百貨店の紳士服売り場を訪ねてみよう。

スーパーの紳士服売り場や安価を売りにしている店の場合、服選びも客に任せるスタイルであることが多い。今回は店員の知識に頼りたいところなので、こうした店は避けておく。

店舗に足を運んだら、**思い切って店員に声をかけてみよう**。その際には、

- どんなものが職場に合ったスーツかよくわからないので相談したいということ
- 自分の仕事の業界（IT業界、食品業界、公務員など）
- 自分の職種（営業、事務、接客など）
- 予算（上限を決めたい場合は「上限〇万円」と伝える）

といったことを伝えられるように準備しておく。

少しでも自分で選びたい場合には、次ページの基準を参考にして欲しい。

こうした条件の範囲で店員にアドバイスをもらいながら何着かを決めていくと良い。逆に自分ではまったく選べないのであれば、すべて店員に委ねても良い。

ワイシャツの選び方

スーツと同様、ワイシャツのデザインにもさまざまなものがある。店員に相談してスーツを買うときに、**一緒にワイシャツも選んでもらって購入しておきたい**。一度店員に選んでもらえば、以降は同じデザインのものを続けて購入

スーツ選びの基準

赤、黄色などの原色系は避けて、黒、グレー、ネイビー系から選択する

茶色は少し着こなしが難しく、上級者向け。お店の人にアドバイスをもらう

ストライプ柄の場合は、目立ちにくいシャドウストライプのものが良い

オールシーズンのものを選べば、どんな季節に着ても違和感のないデザインとして使える

ズボンの裾丈は流行りがあるが、「普通に」と言えば靴にかかる程度の長さにしてくれる

裾丈を測るときは、ズボンを深く履いたり腰履きにしたりしないように気をつける。よくわからなければ、ベルトの位置も店員に相談してみると良い

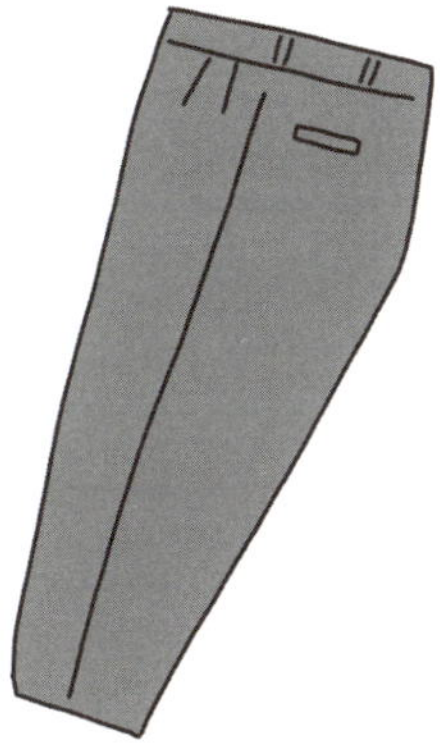

折り目加工は、必ずつけておく

していけば良いだけだ。

　とにかく無難にしたいなら白の無地、襟はレギュラーカラーを選ぶ。多少割高だが、形状記憶のものを選べばアイロンがけの手間も省ける。面倒ごとが苦手なタイプには、是非ともお勧めしたい。

靴の選び方

靴の色は、**黒か茶系統が基本**になる。悩むようなら、全部黒にしておけばたいていのスーツの色に合う。

　靴は装飾の少ない、革のビジネスシューズにする。ストレートチップと呼ばれる種類で、なおかつひもの靴が最もビジネス向きとされているようだ。冠婚葬祭の場合にも、無難に履いていけるだろう。

　靴は、3足は用意しておきたい。同じ靴を続けて履くと、すぐに傷んでしまう。1日履いて2日休ませる、というのが靴にとっても良いローテーションとなる。

　値段はさまざまなものがあるが、あまりに安すぎるものは耐久性の点で良くない。はじめは5000円から1万円程度のものを選んでおこう。

　靴は、しばらく履いていると、だんだんとかかとがすり減ってくる。かかとの形が崩れたり、明らかに斜めになったりしていたら、靴の修理屋さんに相談してみる。駅やスーパーなどに入っている合い鍵屋を兼ねた修理屋を近所で探してみよう。こまめに修理をしておけば、長持ちする。

ベルトの選び方

　ベルトは**革製で、装飾のないシンプルなもの**を選ぶ。ベルトの調整は、自分でもできる。ベルトのバックルは、裏の金具をステープラの針外しの部分で開いてやることでベルト部分と分離できる。自分の腰回りに合わせてちょうど良い長さにハサミで切り、バックルをつけ直せば良い。工作に自信がなければ、お店の人に相談しよう。

靴下の選び方

　靴下は**黒か紺で、装飾のないビジネスソックス**を選ぶ。白いものや柄物、スニーカーソックスなどは厳禁だ。仕事用のソックスはすべて同じ色・デザインにそろえておくと、左右のそろいを気にせず履いていけるので便利である。

ネクタイの選び方

　青系やエンジ、グレー系など**落ち着いた色が一般的**だ。派手な柄のついたものは避け、ドット柄や

ワイシャツ、靴、ベルト、靴下の選び方

ワイシャツ

- スーツ購入時に店員と相談して決める
- 無難にするなら白の無地
- 襟はレギュラーカラーのものにする
- 形状記憶のものを選べばアイロンがけの手間が省ける

靴

- 悩むなら黒を選ぶ
- 装飾の少ない革のビジネスシューズにする
- 最低でも3足は用意する
- はじめは5,000円から1万円程度のものにする

ベルト

- 革製で装飾のないシンプルなものを選ぶ
- 自分の腰回りに合わせてちょうど良い長さに切る

靴下

- 黒か紺で装飾のないビジネスソックスを選ぶ
- すべて同じものでそろえておけば、左右のそろいを気にせずに履いていける

細いシェイプ柄、チェック柄のものを選ぼう。

ネクタイを結ぶのが苦手な人には、はじめから結ばれた形になっている「ワンタッチネクタイ」という商品がある。アマゾンや楽天などで検索すると見つけられるが、紳士服の量販店でも取り扱いがあるようだ。朝の忙しい時間を緩和するのにも、便利だろう。

時計の選び方

携帯・スマホの普及で腕時計を使う人も減っているが、公式な場ではネクタイと同様に必要とされる場合がある。時計を選ぶ際には、

- **アナログ時計**
- **3針（針が時・分・秒の3本だけのもの）のシンプルなデザイン**
- **白か黒の文字盤のもの**

が無難だ。バンドはフォーマルな場では黒革のものとよくいわれるが、日本の一般的なビジネスや冠婚葬祭の場であれば金属製のものでも問題はない。とはいえ外国人の多いフォーマルな席や、身だしなみを厳しく見られそうな席に赴く機会の多い職業であれば、黒革ベルトの時計も用意しておきたいところである。

金属製の場合はゴールドなどの色は避け、シルバーで装飾の少ないデザインのものを選ぼう。

価格やブランドはそれほど重要ではなく、安価なものでも構わない。むしろ、高級で有名なブランドのものは避けたほうが良い場合がある。国産の大手ブランドのものであれば、悪目立ちしてしまうこともないだろう。

女性の場合も、**アナログでシンプルなデザインのもの**という基本は男性と同じだ。女性の場合はゴールド系でも必ずしも悪くはないが、無難に選びたいのであればシルバーにしておく。革製のベルトであれば、黒や茶、ベージュにしておこう。文字盤は白、黒のほか、薄めのピンクなどのものでも良い。

以上が腕時計のマナーとなるが、特に時計へのこだわりもなければ、電波ソーラー腕時計をお勧めしたい。時刻合わせや電池交換といった、うっかり忘れがちな面倒ごとから解放されるからだ。

かばんの選び方

かばんを選ぶ際には、ビジネスバッグを選ぶ。男性なら**手持ちのブリーフケース**、女性なら**トートバッグ**が無難だろう。

バッグを選ぶ際には、**容量の多くない薄めのもの**をお勧めしたい。ビジネスバッグには、出張にも対応した大容量のものがあり、

ネクタイ、時計、かばんの選び方

ネクタイ

- 落ち着いた色にする
- 派手な柄は避け、ドット柄や細いシェイプ柄、チェック柄のものを選ぶ
- 結ぶのが苦手な人はワンタッチネクタイも選択肢のひとつ

時計

- アナログ時計
- ３針のシンプルなデザイン
- 白か黒の文字盤のもの
- バンドはシルバーが無難

かばん

- 男性なら手持ちのブリーフケース、女性ならトートバッグが無難
- 容量の多くない薄めのものを選ぶ
- 支えがなくても立てておけるものにする
- Ａ４の書類がスムーズに出し入れできる口の広いものに
- 目立たない色にする

ASDやADHDの人は、こうした大容量のものを選びがちだ。忘れ物が多かったり、整理が苦手だったりして、必要になるかもしれないものをすべて入れておきたくなるからである。しかし、たくさん入るからと、さまざまなものを入れっぱなしにした結果、かばんの中がグチャグチャな状態になってしまいがちだ。

必要になるかもしれないものは会社と自宅の両方に常備しておくようにし、かばんの中は移動時に必要なものだけを入れておくようにしよう。

その他、かばん選びの重要なポイントとしては、まず**支えがなくても立てて置けるかばんであること**が大事だ。訪問先では、かばんは自席の横に立てて置くことになる。このとき、床に横倒しになってしまうようなかばんは好ましくない。かばんを買う際には、支えなしで立てて置けるかどうかを必ず確かめておきたい。

また、A4の書類がスムーズに出し入れできる口の広いものであることも重要だ。A4は、さまざまな書類の基本的なサイズとなっている。これが折れ曲がったり引っかかったりせず、ラクに出し入れできることは仕事用のバッグの必須条件となる。

色は黒、紺、茶といった目立たない色が無難だ。特に柄のあるもの、アクセサリのついたものは避ける。あとからアクセサリやキーホルダーなどの飾りをつけるのも、仕事用としてはふさわしくない。

男性用スーツの着まわしは、ルーチンを決める。変化をつけたいときはネクタイで

せっかくスーツを買っても、同じスーツをずっと着続けていては周囲からの印象も良くないし、服の傷みも早くなる。靴やネクタイなどの小物も同じだ。

そこで、なるべく服や靴を長持ちさせて、しかもだらしない印象を与えない着まわしの方法を考えてみよう。

男性用スーツの場合は、基本上下セットで着ることが多い。そこで、**スーツはワンシーズンで上下3セットを用意しておく**。安く上げたいのであれば、紳士服の量販店での2着で半額などのバーゲン時を狙うと良い。

同様に、靴も3足用意しておく。

このジャケット・パンツ・靴を1セットとして、組み合わせを決めておく。あとは、これを順番に着まわしていくだけだ。

服も靴も、連続で使うことで傷みが早くなる。ローテーションで着まわすことによって寿命も延び、結果的に費用も少なく済むことになる。

女性のオフィスカジュアルとして受け入れられる基準

種　類	OK	NG
トップス 	ニット、カーディガン、ブラウス、シャツ、ジャケット、カットソー	チュニック、ポロシャツ、ボレロ、ベスト、トレーナー、パーカー、ポンチョ、Tシャツ、キャミソール（下着としてなら可）、ドレス
ボトムス 	ストレート、フレア、セミフレア、テーパード、クロップド	丈が七分よりも短いもの、ジーンズ、ガウチョ、キュロット、サロペット
ワンピース 	ノースリーブなど露出過多、装飾過多なものはNG。判断が難しければ、ワンピースは避ける	
靴など 	・ストッキングは黒・ベージュ。靴下・素足は避ける ・靴はパンプス、ローファー、ヒールは3〜5cmのもの ・スニーカー、ロングブーツはNG	

変化をつけたい場合は、ネクタイを5本ほど用意してこれもローテーションで回していく。スーツとの数の違いで、結果として組み合わせも多彩になる。

　しかし、せっかくスーツを複数用意しても、朝の慌ただしさから手近のものに手を伸ばしてしまって、結局毎日同じ格好になったり、昨日着たものがどれなのかわからなくなったりする可能性もある。

　そこで、市販のハンガーラックを活用する。出社時にはいつも奥からスーツを取り、帰宅したら手前にかけるようにルールづければ自動的にローテーションを作ることができる。基本的に、上下は購入したままのセットで組み合わせるようにしよう。上下色違いもNGではないが、組み合わせを考えるのは上級者向けだ。

　靴は、黒・ひもあり、黒・ひもなし、茶・ひもありなどすべて外観が違うものを用意して、スーツと合わせて使いまわす。たとえばスーツが黒のシングルなら、靴は黒のひも、スーツがグレーなら、靴は茶のひも、といった感じである。組み合わせを覚えるのに自信がなければ、

①黒・シングル――黒・ひも
②黒・ダブル――黒・ひも
なし
③グレー・シングル――茶・ひも

といった組み合わせを書いておいて、玄関に貼りつけておけばわかりやすい。

1つ注意したいのは、ジャケットに入れっぱなしにしがちの名刺入れや財布などだ。帰宅して着替えるときにこれらを取り出す癖がついていれば良いが、そうでなければいっそ名刺入れも財布もスーツに合わせて3セット用意しても良いだろう。

女性のルーチンは、上下の組み合わせで変化がつけられる

女性の場合も、**まずは基本としてルーチンを組める3セットの上下と靴を用意しよう**。コーディネートに自信がなければ、前述の男性と同様にこのまま着まわしていっても良い。

もう少し変化をつけたい、多少の組み合わせの○×はわかる――という場合には、上下の組み合わせも含めてローテーションを組むようにしてみよう。

このときにローテーションに使う上下の数を変えておくと、自動的に組み合わせに変化がつけられる。

たとえば上のジャケットを4着、下をパンツ・スカート合わせて3本用意しておく。

あとは男性スーツと同じようにハンガーラックを使ってローテーションを管理するが、この際にジャケットとパンツ・スカートを別々の場所にかけておく。ハンガーをかけるバーが2本ついているタイプのハンガーラックがあれば、使いやすい。

あとは前述と同様、一番奥から取り出して着ていって、帰宅したら一番手前にかけていくだけだ。上下の数が違うため、自動的に組み合わせがズレて変化をつけられる。

もし、「この組み合わせはないな」と感じるセットになってしまった場合には、上か下かを手前にかけ直して次の服を出してくれれば良い。

「オフィスカジュアル」って何？

女性でオフィスカジュアル可、という職場の場合、私服との差が

明確にないために何がNGで何がOKかわからない、と悩む人が多い。「その服はダメ」と注意されても、周りの女性との違いがわからなかったりする。

　まず前提として、**オフィスカジュアルを私服の延長と考えず、別のものとして考える**ほうがわかりやすい。オフィスカジュアルとして購入した服は通勤用として、私服とは別に管理する。

　さて、それではどんな服ならオフィスカジュアルとして受け入れられるかであるが、一般的には25ページの基準に従えば無難とされるようだ。

　基準をわかりやすくするため、着こなし方によるものや微妙なラインのものもNG側に入れている。他人を評価するためではなく、あくまで自分の参考のラインとして欲しい。

化粧はどの程度したらいいのかよくわからない

　毎朝ただでさえ時間の余裕がないときに複数の工程をこなさなければいけない化粧。どこまでやれば良いのか明確でないため、化粧しないか、もしくはしすぎてしまうかのどちらかになり、苦手だという人は多い。

　そこで化粧のための工程と作業時間を決めたい。**10分あれば最低限のことはできる**。

　準備物は化粧下地↓ファンデーション↓アイシャドウ↓リップの工程ごとに必要な化粧品と、顔全体が映る鏡。

　もし、これまでにもいろいろと試して手元に複数の化粧品があるのであれば、工程ごとに1品に絞ろう。

　化粧品ブランドのホームページにはメイクアップ方法が掲載されており、中には動画で紹介しているところもある。最近では「時短メイク」として多くの動画も投稿されている。参考にすると良い。

資生堂のウェブサービスであるwatashi+では、化粧や美容の基本知識や基本手順を解説している。「スキンケア」「メイクアップ」などについて、資生堂が推奨するテクニックを1〜2分ほどの動画で公開している。

ちふれのホームページでは、スキンケアとメイクアップの情報を掲載している。メイクアップについては、化粧品の役割と化粧の手順を説明しているので、初心者にもわかりやすい。

身だしなみがなっていないと言われる

対策
- 定期的なチェック事項を決めておく
- 散髪やクリーニングなどは、期間を決めておく

事例　明確な理由なく服装がだらしないと言われても……

ちゃんとスーツも着ているし、ワイシャツも洗濯しているのに、毎回「身だしなみを何とかしろ」と言われてしまう。「どこがいけないんですか」と聞いても「何となく雰囲気が」とか「何か全体的にだらしない」とかで要領を得ない。雰囲気なんか直しようがないし、もう努力してもムダな気がしてきた。

原因　細かいポイントが重なって、全体の印象を落としている

ASD傾向の人は身だしなみにほとんど意識がいかなかったり、ファッションが趣味的に偏りすぎて周囲から浮いてしまったりすることがある。

またADHD傾向の人は、時間管理が苦手なことから身だしなみの時間が取れなかったり、当日になって整髪料を買い忘れていたり、アイロンをかけたシャツがないことに気づいたりといったことがある。

身だしなみが苦手な人の多くは、**そもそも何をチェックしたら良いのかがわからない**。チェックポイントを知っておき、定期的にチェックを行っていくだけで、だいぶ自分の印象を上げていくことができるはずだ。

解決法　定期的なチェック事項を決めておく

身だしなみをチェックする周期

は、ポイントによって異なってくる。ここでは、毎日チェックするポイントと長期的な周期でチェックするポイントに分けて説明する。

毎日の身だしなみのチェックポイント

毎日の身だしなみについては、次ページのポイントでチェックして欲しい。

散髪やクリーニングなどは、期間を決めておく

散髪やクリーニングなど、長期的なサイクルで行う身だしなみは月に1回、年に2回などと**期間を決めておく**。あらかじめ仕事用の手帳に、散髪やクリーニングに行く日を記入しても良いだろう。下図にメンテナンスの基準を記したので参考にして欲しい。

長期的なサイクルで行う身だしなみのチェックポイント

スーツ

4カ月に一度、
衣替えに合わせてクリーニングに出す

ワイシャツ

少なくとも5枚は用意し、1回着たら洗濯する
（衣替えのタイミングで捨てて、新しいものに買い替える）

頭髪

- 月に1回切る
- 髪の長さは、次の基準以下で短くしておく
  - ▶後ろ髪は、ワイシャツの襟につかないこと
  - ▶前髪は、眉にかからないこと

靴

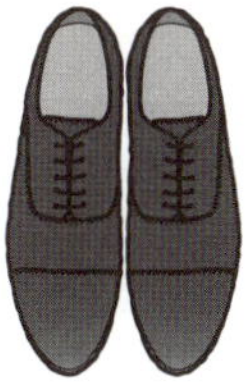

- 毎日1回、ブラシでホコリを取る
- 月1回、ブラシでホコリを取ってクリームを塗る

男性の毎日の身だしなみのチェックポイント

【朝のチェック】

チェック箇所	対処方法
髪	• 髪跳ねを見落としがちであれば、朝シャンとドライヤーかけを行う • 整髪料は、無香料・微香のものを使う • くしをかけて、髪にくし目をつける • 髪にフケがついていないか
歯磨き	• 歯に付着物がついていないか • デンタルリンスも併用する
目	洗顔時に目ヤニがついていないか確認する
眼鏡	ホコリ、汚れ、曇りなどがないか確認する
鼻毛・耳毛	鼻毛・耳毛は自分の目では見落としがち。真正面から見て少しでも出ていたらNGと考える。鏡を2枚使うと見つけやすい
フケ	フケの出やすい体質であれば､2〜3時間に1回程度チェックする
下着	洗濯したものを着け、毎日取り替える
ひげ	• 毎朝剃る。首やあごの下などは忘れやすいので注意 • 眉毛がつながりやすい人は、眉間もチェックする • ひげの薄い人であれば、前の晩の入浴時に剃ってしまっても良い
ジャケット	• ホコリやシワ、汚れがないか • 肩や背の部分にフケがついていないか • 襟が曲がっていないか • ボタンが取れていたり、取れかけていないか • 男性の場合、前ボタンの一番下だけ外しておく • 腰のポケットには何も入れないこと。ポケットのフタ（フラップ）は出していてもしまっていても良いが、左右そろえること • 左の内ポケットには名刺入れを入れておく
ワイシャツ	• 臭いがあるものは避ける。よくわからなければ、消臭剤をかけておく • ボタンを外すのは第一ボタンまで。接客の場合は、一番上までとめる • 襟、袖口に汚れが浮いて、洗濯しても取れないものは捨てる • 袖をまくっているとき以外は、袖のボタンはきちんととめる • ワイシャツの裾がはみ出していないか、特に横・後ろ側をチェック

ズボン	• ズボンの前ポケットには何も入れない • きちんと折り目のついているものを選ぶ • ファスナーが閉まっているか
靴	• 汚れ、曇り、ひもの結びをチェック • 出かける前にブラシをかけ、ホコリを払っておく
手	• 爪の白い部分が1mm以上伸びていたら切る • アクセサリ類は、結婚指輪以外は外す • 手に汚れがないか
靴下	洗濯したものを毎日履き替える。穴があいているものは捨てる

【昼のチェック】

チェック箇所	対処方法
髪	• 鏡で髪にフケがついていないかチェックする • 髪に乱れがあれば、くしで整える
歯	歯に付着物がついていないか
目	洗顔時に目ヤニがついていないかを確認する
眼鏡	ホコリ、汚れ、曇りなどがないか確認する
鼻	鼻毛は出ていないか、鼻の穴から鼻くそなどが見えていないか
ジャケット	• ホコリやシワ、汚れがないか • 肩や背の部分にフケがついていないかどうか • 襟が曲がっていないか • 一番下以外、前のボタンがきちんととめられているか
ワイシャツ	• 袖をまくっているとき以外は、袖のボタンはきちんととめる • ワイシャツの裾がはみ出していないか。特に横・後ろ側をチェック
ズボン	ファスナーが閉まっているか
靴	汚れ、曇り、ひもの結びをチェック
手	手に汚れがないか

女性の毎日の身だしなみのチェックポイント

【朝のチェック】

チェック箇所	対処方法
髪	・髪跳ねを見落としがちであれば、朝シャンとドライヤーかけを行う ・整髪料は、無香料・微香のものを使う ・くしをかけて、髪にくし目をつける ・髪にフケがついていないか ・肩にかかる以上の長さの髪はまとめる ・髪留め・ゴムなどは黒・茶・紺のもの
歯磨き	・歯に付着物がついていないか ・デンタルリンスも併用する
目	洗顔時に目ヤニがついていないか確認する
眼鏡	ホコリ、汚れ、曇りなどがないか確認する
ムダ毛	・顔などの露出部で、目立ちやすい部分をチェックする ・鼻毛などは特に注意する
フケ	フケの出やすい体質であれば、2〜3時間に1回程度チェックする
下着	洗濯したものを着け、毎日取り替える
ジャケット	・ホコリやシワ、汚れがないか ・肩や背の部分にフケがついていないか ・襟が曲がっていないか ・ボタンが取れていたり、取れかけていないか ・前ボタンはすべてとめる ・腰のポケットには何も入れないこと。ポケットのフタ（フラップ）は出していてもしまっていても良いが、左右そろえること
シャツ	・臭いがあるものは避ける。よくわからなければ、消臭剤をかけておく ・ボタンを外すのは第一ボタンまで。接客の場合は、一番上までとめる ・襟、袖口に汚れが浮いて、洗濯しても取れないものは捨てる ・袖をまくっているとき以外は、袖のボタンはきちんととめる ・ワイシャツの裾がはみ出していないか、特に横・後ろ側をチェック

ズボン スカート	・ポケットに、膨らんで目立つようなものを入れない ・シワ、ホコリなどをチェックする ・ファスナーを閉じる ・折り目のあるものは、アイロンでしっかり折り目をつけておく
靴	・汚れ、曇り、ひもの結びをチェック ・出かける前にブラシをかけ、ホコリを払っておく
手	・爪の白い部分が1mm以上伸びていたら切る ・アクセサリ類は、結婚指輪以外は外す ・手に汚れがないか
ストッキング	黒・ベージュのものを選ぶ。穴や伝線がないかをチェック

【昼のチェック】

チェック箇所	対処方法
髪	・鏡で髪にフケがついていないかチェックする ・髪に乱れがあれば、くしで整える
歯	歯に付着物がついていないか
目	洗顔時に目ヤニがついていないかを確認する
眼鏡	ホコリ、汚れ、曇りなどがないか確認する
鼻	鼻毛は出ていないか、鼻の穴から鼻くそなどが見えていないか
ジャケット	・ホコリやシワ、汚れがないか ・肩や背の部分にフケがついていないかどうか ・襟が曲がっていないか ・前ボタンはすべてとめる
ワイシャツ	・袖をまくっているとき以外は、袖のボタンはきちんととめる ・ワイシャツの裾がはみ出していないか。特に横・後ろ側をチェック
ズボン	ファスナーが閉まっているか
靴	汚れ、曇り、ひもの結びをチェック
手	手に汚れがないか

そんなつもりはないのに「愛想がない」と言われる

対策

- 鏡の前で笑顔を作る練習をする
- ポイントを絞って表情を作る

事例　上手に笑顔を作ることができない

先輩に連れられて、お世話になっている企業へあいさつ回り。訪問時のあいさつや名刺交換など、研修通りにうまく済ませてホッとしていたところ、帰り道で先輩から「お前なあ、お世話になっているお客様に対してあの態度はないだろ」と注意されてしまった。

突然そう言われても、まったく思い当たる節がない。

「何のことですか」と尋ねると、「ずっとブスっとした顔をして笑顔の1つも見せないし、何か話しかけられても『はい』か『いいえ』しか言わないし。もう少し気を使え」と言われてしまった。

昔からよく愛想がないと言われていたが、おかしくもないのに笑えないし、初対面の人と何を話したらいいかわからない。それでも、せめて失礼がないように精一杯頑張っていたつもりなんだけど、そんなに態度が悪く見えてしまっていたんだろうか。

原因　表情や感情を上手に表すことができない

「愛想がない」と言われてしまう理由はいくつか考えられるが、ASD傾向の人の場合は**表情**と**口調**が主な理由と考えられる。具体的には、笑みを浮かべることができなかったり、言動が短くぶっきらぼうだったり、あるいは詰問のような口調になってしまう場合があることだ。作り笑顔ができない人もいれば、本当に面白くてもうまく笑えない人もいる。作り笑顔をする意味がわからない、というタイプの人もいる。

笑顔は相手を安心させ、その心を和らげる効果があるといわれる。日本においてビジネスで愛想笑いが多用されることになったのも、おそらくはそうした効果を狙ってのことだろう。

しかし、誰もがそれをするようになれば、笑顔は一種の礼儀として義務化されてくる。商談の場で笑顔が基本になってくると、今度は平常時の顔がブスっとしていると思われマイナスの印象を与えてしまうことになる。あって当たり前だが、ないとマイナスになる。日本における現状の「営業スマイル」は、そうしたあいさつのような機能を持つものになっていると いって良い。

ADHDの場合は、比較的愛想のいい人も多い。しかし、仕事で緊張が強かったり、忙しくて余

Column

発達障害の診断を受けるには

発達障害で障害者手帳を取得するにしろ、あるいは他の公的サービスを利用するにしろ、まずは医師の診断が必要になることが多い。

発達障害の診断は精神科で行うが、実は精神科であればどこでも診断が受けられるわけではない。現在のところ診断ができるのは、一部の精神科のみだ。発達障害の診断はとても難しく、専門医による慎重な判断を要する。そして最近になって認知されてきた発達障害は、まだ専門医の数が十分ではない状況なのだ。特に成人の発達障害の診断ができる病院は、数が限られる。

最寄りの診断ができる病院については、発達障害者支援センターで尋ねてみよう。「診断をしたい」と相談すれば、近隣の診断可能な病院について情報をくれるはずだ。

診断時には知能検査が行われるほか、幼少時からのことをさまざまな観点から質問を受けることになる。母子手帳や小学校時代の通信簿などが残っていれば、用意しておくと良い。家族の話を聞きたいと言われる場合もあるので、可能であれば協力を得られるようにしておこう。

診断を受け、専門の主治医を得ることによる一番のメリットは、自分の理解者が得られることだ。自分の努力不足や性格の問題ではなく、障害を障害として受け止めた上でアドバイスをもらうことができる。

必ずしも受けられるものではないが、条件が合えばADHDなどに効果のある服薬を処方してもらえる場合もある。「コンサータ」や「ストラテラ」といったADHD治療薬は、相性が合えばADHDの不注意や衝動性、多動などに効果があるといわれている。ただ体質に合わない場合もあるので、必ず医師の指示に従って服用しなければならない。

上手に笑顔を作る3つのコツ

鏡を見て練習する
笑顔を作るポイント
相手の額あたりを見る
口の端を上げる

裕がなくなったりすると愛想笑いを「忘れて」しまい、**無表情で相手に怖い印象を与えてしまう**場合がある。

総じて愛想笑い・営業スマイルという文化は発達障害、特にASD傾向の人と相性の悪い文化であるといえる。

解決法 笑みを浮かべることが苦手なら鏡で練習してみる

愛想笑いの問題は、「必要ならできる」というタイプの人なら問題ないかと思いきや、必ずしもそうではない。

このとき、ASDやADHD傾向の人の**「マルチタスクの苦手」**という特性が影響してくる。「笑わなきゃ」と必死に表情を作ろうとするため肝心の会話ができなかったり、相手の話が頭に入ってこなかったりするのだ。

ここでは笑みを浮かべることが苦手な人、会話をしながら笑顔を持続するのが難しい人、それぞれの問題に分けて対策を考えてみよう。

鏡を見ながら練習する

笑みを浮かべることが苦手な人は、**鏡を見て練習してみる**のが基本だ。

コツとしては、「相手の額あたりを見る」「口の端を上げる」の2つになる。漫画でも漫才でもいいので笑えるような記憶をストックしておいて、それを思い出すようにしてもいい。

思い出せば笑うことができるスイッチを持つことができれば、それが一番手っ取り早い。

笑顔がうまく作れないと悩む人もいるが、まずは「口角がやや上向き」程度の表情ができれば合格だ。

スマイルマークのように、人は両側の口角が上がった線を自動的に「笑顔」と認識する。別にいつも笑っているわけではないのに穏やかな印象を与えるタイプの人がいる。これは口角が上がり気味だったり笑いジワがあったりと、笑顔を連想させるパーツがこうした印象を生んでいるのだ。まずは口元を意識することから始めてみよう。

笑顔の持続や条件反射が難しい場合は、ポイントを絞って

笑顔自体はできるが、会話しながら表情を作ったり、笑顔を作り続けたりすることができない人は、ポイントを絞ろう。どこがポイントなのかといえば、**最初と最後**だ。

はじめのあいさつ、できれば名刺交換までは意識して笑顔を作るようにする。仕事の話が始まったら、表情のことは考えなくていい。無理して笑わなくても良いし、逆に無理に笑いを押し殺すこともない。このときは、仕事の話に集中しよう。

話がまとまり、最後に「ありがとうございました」とあいさつをするときにもう一度笑顔を作る。最後に笑顔で終わるだけでも、相手に与える印象はかなり違ってくる。

欲をいえば、話の途中でも相手が冗談を言ったときなどは笑顔で返したい。しかし、これも難しければ（そもそも、相手の冗談がよくわからないこともあるだろう）無理に意識する必要はない。

最初と最後だけ意識するのであれば、大事な話に集中できなくなることもない。あいさつを練習するときなどは、一緒に**笑顔を作るプロセスも考えると良い**だろう。

適切な距離感がわからない

対策

- 相手との関係や状況ごとの適切な距離を知っておく
- 自由な席を選ぶ場合には、知らない人の近くはなるべく避ける

事例　隣の席に座っただけで変な目で見られる

昼休みの社員食堂。たいてい空いているんだけど、「どこに座ろう」と迷ってしまうのも嫌なのでお気に入りの場所を決めてある。

だけど今日は運悪く、いつもの席に先客がいた。他部署の人なのか、知らない顔。

仕方なくその隣の席に座ったら、相手はビクッとして「ちょっと、何ですか?」と警戒したような声を上げてきた。

何ですかって、席は自由じゃないの？　こっちはいつもの席にあなたが座っているから、仕方なく隣に座っただけなのに……。

原因　パーソナルスペースという考え方

人間には相手との関係性によって「これ以上近づかれると不快になる」距離というものがある。この距離を半径に、その人を中心とした円状の領域を一般に、「パーソナルスペース」と呼んでいる。知らない相手、親しくない相手を警戒するのは、動物的な本能から来るものだろう。

ＡＳＤがある人の場合、**このパーソナルスペースに関わる感覚が独特である**ことが多い。極端に鈍くて気にしない人。鋭敏すぎて人がそばを通るたびに緊張し、隣の席に人が座っていても身を縮こまらせてしまう人。近づかれることには敏感だが、自分が近づくときには気にしなくなってしまう人。どのタイプの人も自分の感覚以外で距離感をつかむのが難しいため、注意されても適切な距離感というものの意識がしづらい。

また、ADHD・ASDどちらにも出やすい**空間認知の苦手**も関係してくる。これが強いと、たとえばキャッチボールをしていてもちょうど良い位置にボールを投げられなかったりする。

はっきりとしたルールを求めるASDタイプには、「混んでいる店内や満員電車なら許されるが、ガラガラのときには許されない距離」というフレキシブルさにも納得がいかないかもしれない。

しかし実際、十分なスペースがあるのに不用意に相手のパーソナルスペースに入り込むと、不要な誤解を与えてしまう。話しかけたときにパッと距離を離されたり、頭をやや引き気味に動かされたりするような場合には、相手のパーソナルスペースに踏み込んでしまったものと考えて良い。

解決法　相手との関係や状況ごとに適切な距離を知っておこう

大雑把だが、まず相手との関係を次のように分類しよう。

- 家族、親しい友人、恋人など
- 知人、同僚、商談相手など
- 相手が自分を知らない、知人だが関係が良くない人（相手が有名人などで、自分がファンとして話しかける場合なども含む）

続いて状況だが、次の3分類で考えよう。

- 声をかけるとき
- 会話をするとき
- 会話の必要がないとき

これらの分類から、それぞれの適切なパーソナルスペースは、下表のように考えられる。実際には部屋の広さや混雑具合によっても変わってくるので、あくまで目安である。混雑して距離を取れない場合には、近くの人とそれぞれ均等な距離を取るようにする。

誰かと会話に入るときには、こ

パーソナルスペースの目安

	家族、親しい友人、恋人など	知人、同僚、商談相手など	知らない人、関係が良くない人
声をかける	2〜3m以上		
会話時 立ち話	50cm〜1m 軽く手を伸ばして手が届く距離	1〜2m 手を伸ばしてもギリギリ届かない程度の距離	2mくらい
非会話時	1mくらい	2〜4mくらい	4m以上

の距離を意識して手順を考える。たとえば、知人に声をかけて話をしたい場合には、まず2～3m離れた位置から「○○さん」と名前を呼んで声をかける。相手がこちらを認識したのを確認してから1～2mの距離に近づき、会話を開始するのである。

注意点としては、**常にこの距離をキープしようとして無理な体勢になってしまわないこと**だ。たとえば、商談時に同じパソコンの画面をのぞき込む必要があるときなど、場合によっては近づかなければならないこともある。こうした必要なときにも無理に距離を離そうとすると、かえって失礼になることもある。こうした場合には必要な距離まで近寄っても良い。また、関係が良くない場合でも、仕事であれば「知人、同僚、商談相手」の距離で接する必要がある。

非会話時の距離感は、事例のような自由な席の選択や、同じ部屋で働く同僚とすれ違うときなどに当てはまる。

自由な席を選ぶ場合には、知らない人の近くはなるべく避ける

非常に混雑していて他に空いている席がない場合なら、隣の席に座っても奇異に思われることはない。しかし、他にたくさん空席があるにもかかわらずわざわざ近くの席に座られると、無用な警戒をされてしまうことになる。**空席がある場合は、なるべく周りに人のいない席を選択するようにする。**

二人で席を選ぶ際には、席を詰めるために隣同士に座るのが基本になる。喫茶店などで二人で会話をする場合なら、向かい合って話せるように対面の席に座る。カウンター式の座席であれば、隣に座って話をするようにすれば良い。

狭い通路に人が立っている場合は、極力別の道を使う

たとえば職場の隅で同僚同士が立ち話をしていて、通路が狭くなっているような場合、他に通れる通路があるのなら、遠回りになってしまってもそちらを通っていくようにしよう。狭くなった通路を無理やり押し通るようなことはなるべく避ける。これもまた、不用意な「パーソナルスペースへの侵入」と取られ、相手に不快感を与えてしまう場合があるのである。

他に通れる通路がない場合には、2mくらい手前で「すみません、失礼します」と声をかけて、まず気づいてもらう。こちらを向いてもらったら軽く会釈して、脇を通らせてもらおう。相手が道を空けてくれたなら、軽くお礼を言いながら通るようにすれば良い。

パーソナルスペースを侵害しないために気をつけること

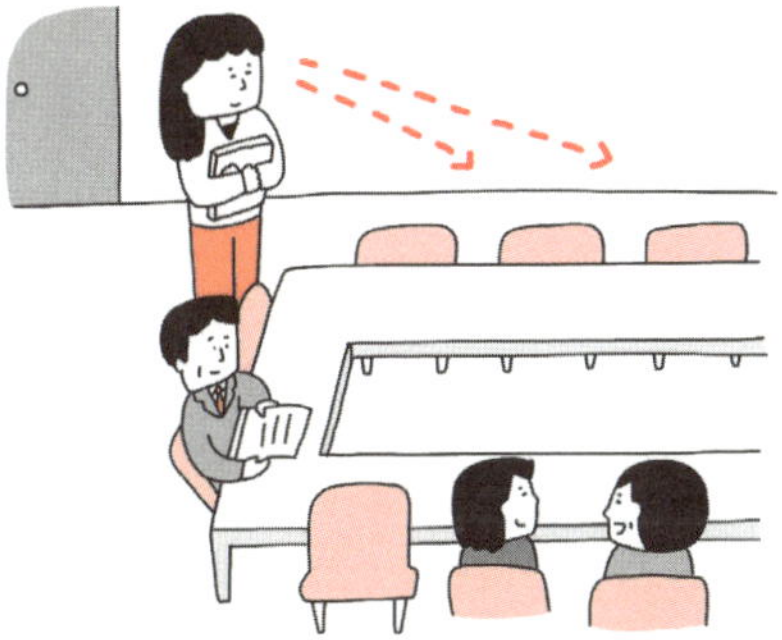

空席があるときは、なるべく周りに人がいない席を選ぶ

通り道に人がいるときは迂回する

迂回できないときには声をかけ、会釈をして通るようにする

自分が通路に立ち止まるときには、なるべく端に寄るようにする

自分が通路に立ち止まるときには、人が通れるようになるべく端に寄る

相手もまた、こちらのパーソナルスペースに気を使っていることに注意しよう。他の人も通る場所に立っているとき、自分では十分通れるスペースは空けているつもりでも、相手は体がぶつかるような隙間を通ることは避けたいと考える。やむなく通路に立ち止まる必要がある場合には、なるべく端に寄って他の人がラクに通れるスペースを確保するようにしよう。もともと狭い通路の場合には、ぴったり壁に張りつかず、いったん場所を移って相手を通す。

また、声をかけられたり、誰かが通るそぶりを見せたりするようであれば、この場合にもいったん場所を移って相手を通してから再度その場所に戻るようにしたい。

Column

手帳の申請をするには

障害者手帳には身体、知的、精神の３種類があり、それぞれ異なる制度によって成り立っている。発達障害者が障害者手帳を取得する際は、現在のところ「精神障害者保健福祉手帳」を取得することになっている。

精神障害者保健福祉手帳には１～３級の等級があり、１級が一番重い。その判定基準は、次のようなものだ。

1 級	精神障害であって、日常生活の用を弁ずることを不能ならしめる程度のもの
2 級	精神障害であって、日常生活が著しい制限を受けるか、または日常生活に著しい制限を加えることを必要とする程度のもの
3 級	精神障害であって、日常生活もしくは社会生活が制限を受けるか、または日常生活もしくは社会生活に制限を加えることを必要とする程度のもの

３級の基準に記される「社会生活」とは、仕事や学生生活を指す。障害者手帳とは、本人が障害のために仕事や学生生活に制限がある状態であることを認めるものなのだ。もちろん、細かい判定基準には具体的にどんな症状が出ているかといったことも掲載されているが、一番重要な点はそれで日常生活や社会生活に困難があるかどうかにある。

障害者手帳を取得すると決めたら、申請には医師の診断書が必要となる。その場合、発達障害の診断をしてもらった病院で相談するのが一番だろう。

手帳の申請は、自分の住む市区町村の障害福祉課、あるいは保健福祉センターの障害を扱う窓口（健康作り課など。自治体によって名称が異なる）に行う。申請用の書類も、ここでもらうことができる。

精神障害者保健福祉手帳は身体障害の手帳と異なり、２年ごとに更新の申請を行う必要がある。これは、更新時期になっても特に連絡はないので注意が必要だ。手続きを怠ると手帳が失効されてしまうので、気をつけよう。

誤解を受けやすいが、障害者手帳は障害者を認定したりレッテルを貼ったりするものではなく、公的なサービスを受けるためのライセンスに過ぎない。取得は義務ではないし、もちろんそれによって「障害」がついたり消えたりするものではない。必要があれば取得すれば良いし、必要がなくなれば返却することもできるのだ。

第2章

指示受けがうまくできないのを何とかしたい

聞く力を養う

仕事における指示受けの力とは相手からの指示内容だけではなく、仕事に必要な情報を自ら集める力だ。それをうまくできるかどうかで、成果も評価も大きく違ってくる。

指示を受けるときの態度で注意される

対策

- まずは作法を知っておく
- 文書による指示にしてもらう
- ボイスレコーダーを活用する

事例

きちんと聞いているつもりなのに「態度が悪い」と言われてしまう

上司に呼ばれ、仕事の指示を受ける。うなずいて立ち去ろうとすると、後ろからきつい声で呼び止められた。

「あのね、常々思っていたんだけど、その態度どうにかならない？」

「何か失礼でもしましたか？」

「話が終わったら、わかりましたの一言もなく帰ろうとするし。だいたい、いつもメモも持ってこないでしょ」

「メモを取らなくても覚えられるんで」

「それにしては、ミスが多いようだけど」

「ミスは、記憶とは別の問題なんで」

「そういう態度だよ……」

そういう態度といわれても、自分の態度の何が問題なのかわからない。指示の内容はちゃんと受け取れているし、いわれた通りに仕事ができていればそれで十分なんじゃないの？

原因

コミュニケーション上の作法を知らない

仕事での指示受けのようによく発生するシチュエーションでは、そのやりとりにも自然に「型」が作られていく。一度「型」が作られると、人は無意識にその型に沿ったコミュニケーションを期待するようになる。

型を共有する規模が大きくなると、それはコミュニティ内での常識となり、礼儀作法となってくる。あいさつなどは、その最たる例といえるだろう。

ASDは程度の差はあれ、**明文化されない約束事を感じ取るのが苦手**だ。だから明文化されたルールは遵守する一方で、暗黙のルールを守ることができず、そもそも存在すら知らない場合も多い。ASDがある人は論理性を重視するため、「暗黙のルールは別にルールではないが、守っておいたほうがいいもの」という**曖昧な存在の理解が難しい**のだ。

ADHDを持つ人の場合は、まだ相手が話している途中で質問を挟んだり、「知っている」と思うと相手の指示ではなく自分の思い込みで仕事を進めてしまったりといった形で問題が現れる。これはADHDの衝動性からくるものので、疑問が生じたり「わかった、できる」と思ったりすると、**自分の中で検証することなく行動に移してしまう**。結果、態度が悪く見えるだけでなく、ミスも生じやすくなってしまうのだ。

解決法 まずは作法を知っておこう

取りあえずは、指示受けの作法を覚えよう。流れさえつかめば、相手に受け入れられやすい指示受けもあっさりできるようになるタイプも多い。具体的な手順は次ページの通りだ。

指示受けに最適なメモ帳とペン

メモを取る際は、自分の手でメモ帳を支えて書く。相手の机を台にしてメモを取るといった行動は失礼に思われることがあるので避けたい。

そのため、指示受け用のメモ帳は、**片手で扱える程度のサイズ**が望ましい。また、裏表紙が硬い台

Column 障害年金の申請をするには

障害者手帳を取得しただけでは、年金は支給されない。障害年金を取得するためには、手帳とは別に申請する必要がある。

申請先は、最寄りの年金事務所の窓口になる。必要書類もここでもらうことができる。

ここで申請できる年金は、診断時に入っていた年金によって種類が異なる。診断時に国民年金に加入していたなら障害基礎年金、厚生年金に加入していたなら障害基礎年金＋障害厚生年金となる。つまり、診断時の加入年金によって金額が異なってくる。

申請には初診日の日付が重要になるので、あらかじめ医師と相談しておくと良い。病院での受診記録の保管義務期間は5年間で、それ以上遡ると記録が得られない場合があるので注意が必要だ。

申請は自分で行うこともできるが、この手続きはかなり複雑だ。そのため、社労士へ依頼して手続きを代行してもらう人も多い。

社労士の情報については、発達障害者支援センターに相談してみると良いだろう。

基本的な指示受けの流れ

1 名前を呼ばれたら、「はい」と返事をして相手の顔を見ながら立ち上がる。このとき、メモ帳とペンを忘れないこと。

2 走らず、早歩き程度の速度で呼んだ相手の前へ。

3 相手がすぐに仕事の内容を話し始めたら、そのままメモ帳を開いて話を聞く。少し間が空くようなら、「ご用でしょうか?」とこちらから話しかけよう。

4 まず、相手の用件をすべて聞く。基本的に、この間は口を挟まず質問もしない。目線は相手の目か口元に置き、相手の息継ぎのタイミングで相槌を打つ。相槌は、軽くうなずくか「はい」で良い。

5 相手が話し終わったら、まずうなずいて「わかりました」と答える。

6 相手の指示内容を復唱。ポイントを絞って復唱できればベストだが、難しければ指示内容をそのまま繰り返して確認する。

7 復唱・確認後、質問・疑問があれば、「質問してもよろしいでしょうか」と伝えてから尋ねる。できれば、「2つ質問してもよろしいでしょうか」など、あらかじめ数を伝えられると良い。

8 質問は思いつかないが今ひとつ自信がない場合には、「やってみてわからないことがあったらまた伺ってもよろしいですか」と伝えておく。

9 この時点で締切りが指定されていない場合は、「締切りを伺ってよろしいでしょうか」と尋ねておく。

10 相手から追加の言葉がないようなら、「それでは失礼します」と伝えて一礼して下がる。

11 聞きながらメモを取れないタイプの人は、自分の机に戻ってから指示内容をメモ帳に整理する。

12 仕事開始。

memo

疑問点があったら、メモして最後に質問。聞きながら書くのが苦手なタイプであれば無理にメモを取る必要はないが、ペンは手に持っておこう。メモを取るのが追いつかないならば、日時や数量など数字の部分だけでも書いておくと良い。

指示受けに適したメモ帳とペン

メモ帳

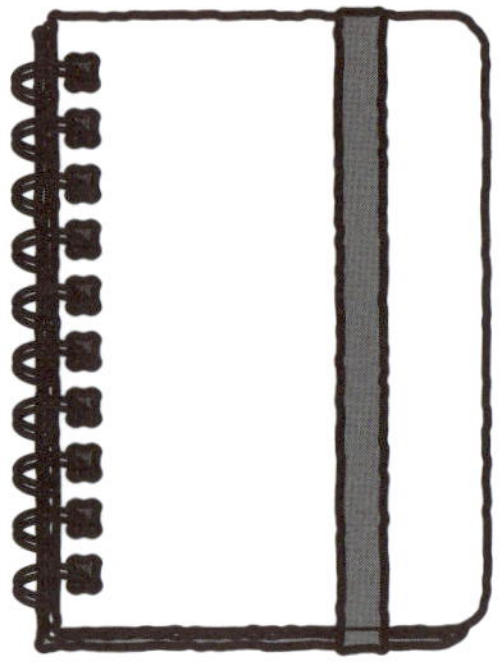

- 片手で扱えるサイズ
- 裏表紙が硬い台紙になっているタイプだと書きやすい

ボールペン

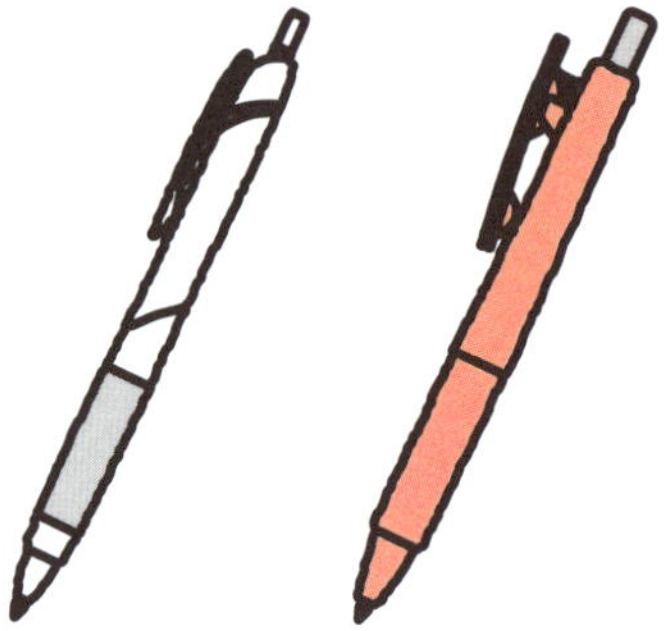

- 低粘度インクのボールペンや加圧ボールペンを使うと、不安定な状態でも書きやすい
- 消えるボールペンは便利だが、公式な文書には使わないようにする

紙になっているタイプだと書きやすい。マルマンのニーモシネシリーズなどはメモ帳としてはやや値段は高めだが、台紙が硬く手に持ってのメモ取りもやりやすい。

常備するボールペンについては、三菱の「ジェットストリーム」のような低粘度インクのボールペン、パイロットの「ダウンフォース」のような加圧ボールペンを使うと、不安定な状態でも書きやすい。これらのペンは「いざというときに詰まってインクが出ない」ということにもなりにくいので、仕事用のボールペンとしてお勧めだ。

いわゆる「消えるボールペン」もメモ用としては書きやすく、修正もできるので便利だが、これを常用とするのはいくつかの問題がある。まず消すことができるため、公式な文書のサインなどに使ってしまうと問題となってしまうこと。そして高熱でインクが透明になる仕組みのため、コピーなどで高熱にさらされると字が消えてしまう場合があることである。

コミュニケーションの作法の意味は？

相槌や返事などのコミュニケーションの作法。相手の話さえきちんと聞いていれば、こちらがどんな行動をしていようが同じじゃないか。いちいち返事をしたり、相槌を打ったりするのにどういう意味があるの？　そう考えることもあるかもしれない。

日本語において、相槌が会話に及ぼす影響が研究されている。聞き手が相槌をまったく打たなかったり、あえてタイミングをズラしたりするとどうなるか。実験では、聞き手が相槌をまったく打たないと話し手は不安になり、会話を途中で止めてしまうという結果が出ているそうだ。また、わざとタイミングをズラした場合、話し手はこれに合わせようとして話す速度を遅くしたり速くしたりする傾向が見られるという。

話の節目で相槌を打つ行動は、**「ここまではわかりました」と相手に伝える意味がある**。だから返事も相槌もないと、相手は「自分の話が伝わっていないいんじゃないか」と不安になるわけだ。

また、相槌や返事はこちらが相手の話の速度をコントロールするメトロノームの役割も果たしている。たとえば相手の話が速すぎて聞き取りが追いつかない場合には、少し相槌の間隔を広げることで、こちらにとって聞きやすいリズムに調整してもらう、といった機能を持つのだ。

メモを取る行動もまた、自分のためだけではなく相手が**「自分の話を理解してくれている」**と安心する効果があるといえるだろう。

相槌を打つタイミングが合わない

相槌を打つタイミングは、たいてい相手が教えてくれる。**相手が言葉をいったん区切って、視線を合わせ直してきたときや、少し言葉を強めに区切ったり、「ね？」「いい？」と短く問いかけてきたりしたとき**が相槌を打つタイミングである。

それでも、慣れていないとなかなか相手のペースに合わせてリズムを取るのは難しい。相槌のタイミングがうまく取れず、結局聞きっぱなしになる、タイミングがズレてしまい、話の腰を折ってしまう、といったことが起こる。

こうしたときには、**テレビを使って練習してみよう**。画面の向こう側にいる話し手の言葉の区切りに合わせて相槌を打ってみるのだ。特にニュース番組はキャスタ

上手に相槌を打つタイミング

言葉を区切って、視線を合わせ直してきたとき

少し言葉を強めに区切ってきたとき

キャスターの喋りに合わせて練習する

短く問いかけてきたタイミング

ーの目線がこちらを向いているので、目線を合わせて話を聞く練習にもなる。練習を繰り返すことで会話中に相槌を打つ余裕が生まれてくる。

相槌やメモが絶対無理なら

「相槌を打たなきゃ」と思っているとそれだけで頭がいっぱいになり、肝心の話の内容が頭に入ってこなくなる。マルチタスクの苦手なASDやADHDなので、そういうタイプの人も多い。中には、目線を合わせるだけでも負担になる人もいる。

　メモについても同様だ。話を聞きながら書くのが難しくても、聞き終えてから書けるのであれば特に問題はない。しかし、話を聞きながら書くのが難しい上に、聞き終えるまで話の内容を覚えておくのも難しい場合もある。

こうした場合は、**きちんと上司に相談しておく**。大事な指示はメールなどの文書にしてもらえるのが一番だが、相槌やメモ取りが難しいことをあらかじめ知っておいてもらえるだけでもだいぶ悪印象を緩和できるだろう。

しかし、口頭指示に慣れた人にとっては、文書指示は面倒に感じる。また、上司との人間関係によってはこうした相談をしにくい場合もあるだろう。

この場合、**ボイスレコーダーを利用する**手もある。話を聞いているときは相槌に専念し、あとから音声を聞き直してメモに取り直す。この場合、リアルタイムでは話の内容はほとんど頭に入っていないため、音声を聞き直すまで質問や復唱による確認ができない。なので、最後に「わかりました。やってみて、わからないことが出たらまた質問させてください」の一言は忘れずに付け加えたい。

ボイスレコーダーを持ち込むことが難しいのであれば、相手に負担を強いることになってしまうが、協力をお願いするしかないだろう。自分のメモ帳を相手にも見てもらい、メモの内容にも助言をしてもらいながら指示を聞き取っていく。負担をかけてしまう分、なるべくはじめの1回で聞き取りきれるようにしよう。

こんな言葉に要注意！ 指示受けで出やすいNG語集

言葉には、辞書には載らないネガティブなイメージがつくことがある。仕事のやりとりで態度が悪いように受け取られたときは、無意識のうちにこうした言葉を使ってしまっている可能性がある。

ASDを持つ人は**言葉を辞書通りの意味だけでとらえていること**があり、そこに含まれるイメージを知らない場合がある。気を使った遠まわしな言い方や嫌味をいわれても気づかなかったり、自分で知らずに悪いイメージの言葉を使ってしまったりする。ADHDを持つ人の場合も衝動性による失言があるが、こちらの場合はあとで振り返って「悪いことを言ってしまった」と反省することができる。ASDタイプの失言は悪意やからかいの意図がまったくなくても出てしまうので、あとから自分の言動を省みても何が悪かったのかわからなかったりする。

さらに、普通に使えば悪い意味はないのに、タイミングや状況、言い回しによって悪いイメージがつく言葉もある。それらのイメージは辞書にも載っていないので、あとで調べても何が悪かったかまるでわからない。すべてを紹介はしきれないが、指示受けなど仕事のやりとりの際に出やすいいくつかの例を次ページに挙げる。

指示受けで出やすいNG語集

NG語	• まあ、わかりました　• まあ、良いです • 一応わかりました
本人の気持ち	絶対の自信はないけれど、多分理解しました
相手の受け取り方	本当は異論もあるけれど、面倒なことになりそうだからあえて言わないでおいてやる
修正例	わかりました。やってみて、不明な点があればまた質問に伺います
解説	• 聞き漏らしや、誤解によるミスを多く経験していると、こうした表現を使いやすくなる。本人としては、「自分に聞き漏らしや誤解があるかもしれない」という意味を含めた、保険をかけた言い方なのだ。しかしこの表現は、「納得のいかないこともありますが飲み込みます」という意味にも取られてしまう。相手から、何か反抗的な気持ちでもあるのかと誤解されてしまいかねない言い方 • 途中でわからないことが出るかもしれないときには、修正例のように後ほど質問に来るかもしれないことを伝えておく

NG語	• で？　• だから？ • それが？　• 何がですか？
本人の気持ち	相手の話が途中で止まってしまって、何が言いたいのかわからない
相手の受け取り方	そんなことはどうでもいい。お前の言っていることはわけがわからない
修正例	はい（うなずきながら）
解説	上司からの指示など、仕事の話で相手の言葉が途中で止まった場合は、「ここまではいい？」という意味で相槌や返事を待っている場合、もしくは「ここまでの話でやってもらいたいことはわかるね？」という意味が多い。相槌を打ち忘れていると、こういう状況になりやすい

NG語	• は？　• はあ？
本人の気持ち	相手の話を聞き逃してしまった。よく聞こえなかった
相手の受け取り方	何バカなことを言っているんだ？
修正例	申し訳ありません。今のお話（ご指示）を聞き逃してしまいましたので、もう一度お願いします
解説	「は？」は絶対にNGな言葉というわけではないが、状況や発音によってはバカにしたような言い方に聞こえてしまう。使わないほうが無難

NG語	わりと良いですね（他人をほめるときに）
本人の気持ち	良いほうだとは思うけど、最上級の人と比べれば劣るだろうから
相手の受け取り方	私がやったらもっとうまくできるけど、まあまあ頑張ってるほうだね
修正例	良いですね
解説	• 他人の成果をほめるときには手放しにほめないと、逆に失礼な印象を与えてしまう。この場合、客観的評価や批評的な要素は不要 • 知り合いの成果について手放しにほめたからといって、反論が入ったり責任を問われたりするような心配はない

NG語	これでもういいですか？（仕事の完了報告で）
本人の気持ち	言われたことはやったけど、結果に自信がないので確かめて欲しい
相手の受け取り方	言われたことはやったから、あとはもう手を離したい。ミスの確認はそっちでやって欲しい。そのあとで仮にミスが見つかっても、もう自分の責任ではない
修正例	• 終わりました、ご確認をお願いします • ご依頼は以上でよろしいでしょうか
解説	仕事の報告時に「これでもういいですか？」という言い方をしてしまうと、あとのことは知らない、責任は取れないというニュアンスを感じさせてしまう場合がある。自分のやった仕事の責任はどのみち自分にかかってくるものなので、提出するときは堂々とする

NG語	別にいいです（上司などから仕事を頼まれた返事として言う場合）
本人の気持ち	特に問題はありません。できます
相手の受け取り方	本当は気が進まないけれどやります
修正例	• わかりました　• 承知いたしました
解説	相手が何かを頼んできたとき了承の意味で使いがちだが、「別に」に含みを感じさせてしまう場合がある。たとえ本当に気が進まない場合でも、仕事の指示には快活に返事したほうが相手に与える印象が良くなる

NG語	• 意味ありますか　• 何のためにやるんですか
本人の気持ち	• 指示の目的がわからず、どういう方針で動けばいいかわからない • 相手の意見の意図がわからず、どう受け取ればいいのかわからない
相手の受け取り方	• そんな仕事（指示）に意味はない • そんな仕事はしたくない • お前の意見は意味がない
修正例	• （依頼の場合）「承知いたしました」と承諾の意思を伝えてから「質問よろしいでしょうか。このご指示の、目的を確認させてください」 • （意見の場合）今のご意見の意図について、もう少し詳しくお聞かせください
解説	• 意味や目的を尋ねる質問は、うまく表現しないと相手の指示や意見に対する否定や拒否と受け取られる。目的を聞かないと動きにくいときには、まず「わかりました」「承知いたしました」と承諾の意思を伝えてから質問する • 「できればその仕事は受けたくない」という意味で発言される場合もあるが、基本的に、上司からの仕事の指示は断れないものと考えたほうが良い。しかし、自分の評価が下がることも受け入れた上で、どうしてもその仕事をやりたくない場合には「申し訳ありませんが、その仕事はお断りさせていただけないでしょうか」と率直に伝える

NG語	はあ（上司・同僚の話や指示に対して言う場合）
本人の気持ち	• 「はい」と同じ意味で使っている • 「はい」とはっきり答えるにはまだ情報不足。まだ受けるかどうか決めかねる状況
相手の受け取り方	あなたの言っている意味はよくわからないですが、まあ続けてください
修正例	はい
解説	• 疑問符のつかない「はあ」を「はい」の意味で用いると、聞き流しに近いニュアンスが入ってしまう • もし本当に相手からの指示や意見の途中に疑問が生じた場合には、疑問点をメモしておく。相手の話がすべて終わったあとに、質問する

NG語	はいはい
本人の気持ち	少し軽いニュアンスでの「はい」
相手の受け取り方	本当は納得していないけど、聞くだけは聞いてやったからもう黙って
修正例	はい
解説	こうした繰り返しは、アクセントによっては「あなたはバカなことを言っているから聞き流します」というメッセージを含んでしまう。返事の「はい」は1回で、しっかりと伝えるようにする

NG語	やったことないので……
本人の気持ち	やったことがない仕事なので、自信がない
相手の受け取り方	やったことがない仕事はやりたくない
修正例	わかりました。未経験の仕事ですのでわからないことも多いと思いますが、よろしくお願いします
解説	•「やったことないので……」で止めてしまうと、相手には「やりたくない」と受け取られてしまう。実際、「あわよくば断りたい」という気持ちで口に出す場合もあるかもしれないが、どちらにしろ未経験を理由に仕事を断るのは自分の評価を落とす結果になる •未経験の仕事で自信がない場合は修正例のように伝えると、未経験であることを知ってもらいつつ、やる気があることもアピールできる

NG語	•ていうか　•それより
本人の気持ち	•指示受けの途中に、大切なことを思い出した •今受けている話より大事で、優先すべきことかもしれないので話しておきたい
相手の受け取り方	•話を聞いていない •話を逸らそうとしている
修正例	•（最後まで指示を聞いてから）承知いたしました。それと、別件なのですが今お話させていただいてよろしいでしょうか？ •（最後まで指示を聞いてから）承知いたしました。ただ、現在○○の業務も受けております。お急ぎであれば優先しますが、どういたしますか？
解説	話の途中に否定語を挟むのは、そのつもりがなくても相手に全否定のイメージを与えてしまう。衝動的に出がちな言葉なので封じるのは難しいかもしれないが、とにかく「まずは口を挟まず話を全部聞く」を行動指針としておこう

言われた通りにやったつもりなのに「違う」と言われる

対策

- 仕事を始める前に、指示者と認識をすり合わせる
- 必ず締切りを明確にする
- タスク確認には、メールを活用する

事例

指示された手順通りに作業をしているのに叱られてしまう

「何でこんなことやっちゃったんだよ」と、叱るよりも先にあきれた声を出す上司。「いや、言われた通りにやっただけなんですけど」と主張してみるも、「言われた通りにしているなら、こんなことになるはずないだろう」と返されてしまった。

自分では指示された手順通りに作業をしているつもりだったのに、いつも叱られてしまう。自分が悪いのか上司の指示が悪いのかも判別がつかないから、叱られたことにも納得がいかずにいつもモヤモヤしてしまう。

原因

耳からの情報処理の苦手と、共感力の弱点

仕事の指示は、たいてい口頭で行われる。ASD傾向であってもADHD傾向であっても、この口頭指示がまず鬼門となる。

ASD傾向があり視覚優位なタイプの人は、**聴覚からの情報の入力**に弱さがある。単に聞こえにくいだけなら聞き直せば良いが、時には誤って聞こえてしまうことがある。たとえば指示が時系列順でないと、つなぎの言葉を1つ聞き逃すだけで順番が入れ替わってしまう。また、以前に似たような仕事の経験があると、聞き逃した部分を無意識にその経験で埋めてしまい、誤った内容で受け取ってしまう場合もある。

また、うまく聞き取れたとしてもその先にも難点はある。会話を

録音してそのまま文章に起こすとしよう。すると、その文章は日本語として正確でなかったり、意味が支離滅裂だったりする場合が多い。しかし、その場にいる人は何も問題なく会話の意味を受け取っている。発言する人は無意識のうちにいわゆる常識や周囲の状況、これまでの経緯に基づいて言葉を発し、聞く人もまたこれらを判断材料にして話を受け取る。

ASDがあると、こうした**前提のある会話が苦手**になる。前提となる知識や常識を仮に知っていても、今の話と結びつけて考えられない場合がある。だから文章として起こした会話が支離滅裂であれば、そのまま支離滅裂な会話として受け取ってしまう。相手が「当たり前」と思って略した部分がわからず、しかし相手が「当たり前」と思っているのはわかるので聞くこともはばかられて自分の判断で行間を補って失敗してしま

Column

発達障害支援のポータル「発達障害者支援センター」

支援を受けることを決めたとして、まずどうすれば良いだろうか。

実際に障害のサポートを受けると決めたら、さまざまな疑問が出てくるだろう。診断はどの病院で受けたら良いのか？　障害者手帳や障害年金を取得するには、どこにどのように申請すればいいのか？

またサポートする側の現状として、発達障害への支援はその内容によってそれぞれ機関が異なっている。たとえば医療の分野なら病院、心理面の相談ならカウンセラー、仕事の相談なら就労支援センターといった具合だ。残念ながら現在のところ、1カ所ですべてのサポートをしてくれるようにはなっていない。そのため困ったときにどこに行けばいいのか、知らない人にとってはとてもわかりにくい状況になっている。

全国にある発達障害者支援センターは、発達障害を持つ人にとってそれらさまざまな支援の入口となる施設だ。

発達障害へのサポートを受けたい人は、まずここで相談をして自分が何に困っているのかを整理し、それから専門の機関で支援を受けるという流れになる。ここでは自分の困りごとについて何の支援を受けることができるのか、そのためにどうすればいいのかも詳しく教えてくれる。診断や障害者手帳、年金の申請といったわかりにくいことについても具体的な情報をもらうことができる。

最寄りの発達障害支援センターについては、各自治体の障害福祉課を訪ねて聞いてみよう。

支援センターは、障害者手帳や医師の診断がなくても相談を受けつけている。自分の困りごとが発達障害によるものではないかと感じられたら、まずは足を運んでみて話だけでもしてみてはどうだろうか。

うのだ。あるいは自分の常識で判断してしまって、相手の意図とズレてしまうこともある。

ＡＤＨＤの場合は、**集中力の弱さから相手の指示を聞き逃してしまう**。たとえば指示の話を聞きながらも、「その仕事だったら、あれを用意しないと」とか、「あの会社への訪問だったら、近くにおいしいラーメン屋があったから昼食にはちょうどいいな」とか、頭の中で関係のない事柄が次から次へと浮かんでしまう。その挙げ句に肝心の話を聞き逃してしまったり、あるいは指示されたことよりも自分の考えに夢中になってしまってそちらの実行を優先してしまったりすることもある。

どちらの場合でも、聞き逃したことがわかっているにもかかわらず、聞き直さずにおそらくこうだろうと自分の判断で進めてしまって間違えてしまうのなら、きちんと相手に聞き直すように心がければ問題は解決する。やっかいなのは、意識する間もなく勝手にすれ違いを起こしてしまう場合もあることだ。そのため、あとで叱られて思い返しても、自分が間違えていたのか上司の指示が間違えていたのかも曖昧で、何を反省したらいいのかもわからないことも多い。

解決法 仕事を始める前に、指示者と認識をすり合わせる

仕事の依頼者との間に、誤解や認識のすれ違いが起こる。それ自体は何も発達障害の人だけではなく、誰にも起こり得ることだ。だから会社同士で会議を行うときには、議事録を取って互いに確認をする。電話で約束を取ったあとは、内容をメールで送って間違いがないかどうか確かめてもらう。

対策となるのは、基本的にはこれと同じになる。つまり、**指示を受けたら必ず確認を取る**ことだ。単純なようだが、これが一番自然で効果的な方法になる。

とはいえ、同じ確認にもやはりポイントとなるものがある。まずこのポイントとなる部分を、詳しく説明していこう。

直接指示を受けた場合には、そのまま復唱が基本

直接指示された場合には、**指示された内容をそのまま復唱する**ことが基本になる。たとえば、「この資料を2部コピーして」と指示された場合には、「この資料を2部コピーですね」といった要領だ。この際、「コピーですね」や「この資料ですね」では不十分だ。この指示には、「この資料」「2部」「コピー」という重要なポイントが3つある。復唱の際には、これらのポイントをすべて含めて

返さなければならない。指示受けで誤解が生まれるとすれば、このポイントの部分に現れてくるからだ。指示受けにメモを活用している場合でも、聞き取りの段階ですれ違いがあっては意味がない。ポイントがよくわからないうちは、相手の指示内容をそのまま復唱するようにしよう。

また復唱には指示内容の確認とともに、もうひとつ大切な機能がある。それは**自分自身で言葉として発することによって、より鮮明に内容を記憶できる**ということだ。指示を聞いたときには理解した、覚えたと思っても、実際に仕事に取りかかるときには記憶が曖昧になっているのはよくあることだ。もちろん基本的にはメモを取るようにするわけだが、その場ですぐにメモを取れないような状況のときもある。自分の口で復唱することで、あとで指示内容をメモにまとめるまで、記憶に残しておける効果が期待できる。

なお、復唱の際、たとえば「コピー」と言われたのを「複写」と言い換えるタイプの人がいる。理由としては自分なりのこだわりであったり、その人の中では相手に「あなたの言うことを理解しています」ということを伝えたいがための手段であったりする。

けれども、もし自分自身にとって言い直すことに大きな意味がないのであれば、**これらの言い換えは避けたほうが無難**だろう。相手にとっては、自分の言葉をいちいち同義語に直されるのは小さなストレスになる。1回1回は小さくても、積み重なっていけば相手に無用なイライラを募らせることになってしまうかもしれない。基本的には、相手が使った表現をそのまま使うようにする。

しかし、この言い換えが自分にとって特別な意味があるのであれば話は別だ。ASD傾向の脳は、言葉の認識が独特になる場合がある。たとえば、AとBという2つの言葉が一般に同じ意味で使われているのはわかっていても、Aのほうでなければ脳がうまく処理ができないことがある。先の

指示を確認する際のポイント

- 指示された内容をそのまま復唱する
- 相手が使った表現をそのまま使う
- 締切りを明確にする
- 「数」を入れた確認を意識する
- 自分がすることを具体的に伝える

例でいうなら、「コピー」と「複写」が一般に同じ意味で使われていることを知識としては理解している。だが、自分の中では「複写」でなければ実際の行動とうまく結びつかない。このため、相手が「コピー」と表現したものを「複写」と言い換えて確認する行為は、本人にとっては、必要な手順なのだ。この場合は、支障がない限り無理に別の言葉に改める必要はない。たいていは特定の言葉に限って現れるので、大きな問題が出ることもないだろう。

必ず締切りを明確にする

たとえばコピーのような単発の仕事の場合、特に締切りを指定されずに指示されたなら、基本的にそれは今すぐにして欲しい仕事ということになる。他に急ぐべき仕事がなければ、すぐに取りかかるべきだろう。この場合「急ぐべき仕事」とは、重要度ではなく同じように「今すぐに」と頼まれた仕事のことだ。単発の仕事をお願いされたが、他に急ぐ必要のある仕事を抱えている場合は、「今日中でいいですか？」などと**締切りを作ってもらおう**。

資料を作る、仕様を検討するなど時間を要する仕事の際には、相手が指定しなくても必ず締切りを明確にするようにしよう。このとき、たとえば「今月中には欲しい」と曖昧な表現で言われた場合には、「では、31日の17時までで良いですか？」と**必ず日時を明確にする**。曖昧な表現で締切りを打診される場合、たいてい相手の期待する日時はこちらの考える日時より早い。「31日の17時」とはっきりとした日時を示すことで、相手も「もう少し早く……25日くらいまでにできない？」など、希望の日時を具体的に表してくれるようになるだろう。

困るのは、締切りを聞いて「いつ頃にできそう？」と返されることだ。特にASD傾向の人の場合、予測や見込みが苦手なことが多い。さらに、はじめてやる仕事ともなると、どんなに簡単そうで時間に余裕があっても、不安が残ってしまう。「いつ頃にできそう？」と聞かれてもわからないため、実際には1時間で終わる程度の仕事でも「来週末」とか「1カ月後」といった、相手にとって非現実的な答えを返してしまったりする場合もある。本当は「永遠」と言いたいくらいの心情なのだ。

いつ頃にできるか、と逆質問されてしまった場合には、「締切りがはっきりしないと時間を見込むのが苦手で……申し訳ありませんがいつまでにできればいいか、締切りを指定していただけませんか」など、正直に伝えたほうが良い。その後仕事が終わったら、実際にかかった時間や日数を記録しておくと良いだろう。そうすれば、次に同じ仕事を頼まれたときには時間の見込みがつけやすくなる。

ポイントは「数」を入れること

オウム返しの復唱を卒業する一歩として、**「数」を入れた確認**を意識してみよう。指示のポイントになる部分には、数が入ることが多い。たとえば日時だったり、数量だったり、金額だったりする。指示に何も数が入っていなかったとしても、あえて入れるように意識してみよう。たとえば、「これコピーしといて」と言われたら、「この資料を1部コピーですね。今日の12時まででいいですか？」といった要領だ。

数は、誰にとっても明確な基準だ。ASDを持つ人にとって数のない指示に数を入れていくことは、曖昧でわかりにくい世界をわかる世界に変えていく手段になる。ADHDのある人にとっても、先延ばしや間違った判断を防ぐ有効な手立てといえる。

特に、「日時（締切りや約束の時刻）」「数量」「（お金に関係することなら）金額」は、ほとんどの仕事に関係する数だ。仕事の指示を整理する際には、これらの数の確認を忘れないようにしたい。

指示が具体的でない場合は、こちらから具体的な行動に落とし込んでいく

たとえば、「ここ掃除しといて」といった指示は、ASDを持つ人にとっては非常に曖昧だ。「ここ」とはこの部屋全部を指すのか、テーブルの上だけを指すのか。テーブルは水拭きなのか、乾拭きなのか。ゴミは捨ててしまっていいのか。そもそも、何がゴミなのか。お互いの認識のすれ違い

相手にこう言われたら？

- **「今月中には欲しい」**

  →「31日の17時までで良いですか？」と必ず日時を明確にする

- **「これコピーしといて」**

  →「この資料を1部コピーですね。今日の12時まででいいですか？」と日時や数量を入れる

- **「ここ掃除しといて」**

  →「テーブルを水拭きしておけば良いですか？」と具体的な行動に落とし込む

タスク確認メールの具体例

〇〇チーム 各位

お疲れ様です。□□です。

会議お疲れ様でした。
私のタスクとしては

- 見積書の作成　～9／7(金)
- 見積書を全体メールで送付・事前確認　～9／10(月)
- ××社様への見積送付・確認願　～9／13(木)

と確認しています。

見積書につきましては作成後、9/10までにメールで送信しますので、お手数ながら9/12までにご確認・返信をお願いいたします。

よろしくお願いいたします。

数字で表せる情報を明記する

タスクは箇条書きにして見やすくする

が起きやすく、「終わりました！」と見てもらうと「頼んだことと違う！」という結果が起きやすい。

こうした曖昧な指示に対しては、**「自分が何をするつもりなのか」を具体的に伝える**ことで指示の確認をしたい。たとえば、「こ掃除しといて」という指示に対して、「わかりました。テーブルを水拭きしておけば良いですか？」と答える。それに対して、相手の答えは「ああ、頼むよ」かもしれないし、「違うよ、部屋全部やっといて」かもしれない。どちらにしろ、自分のやることはより明確になっていく。自分から具体的に切り込むことで、それが当たっていてもいなくても、相手からも具体的な内容を切り出すことができるのだ。そしてそれは、実際に仕事にかかる前にやっておきたいことだ。「掃除って……何をすればいいですか？」といった質問では、相手からも「何って、掃除だよ。丁寧にしなくてもいいから、適当にお願い」と、いつまでも具体的な話にならない展開となりやすい。どうしても具体的な行動自体が思い浮かばない場合は、次節の「指示を聞いても何をすればいいかわからない」の項目も参照して欲しい。

タスク確認には、メールを活用する

仕事を割り振られた場合には、**メールで自分のタスクを確認する**と良いだろう。特に会議など、直接的な指示者がいない場合にはメールが有効な確認ツールとなる。社内SNSや掲示板など、自分の職場に代わりになるものが用意されていればそちらを使っても良いが、とにかく社内の関係者がよく目にする連絡手段を使おう。

既に口頭で確認してメモも取っているものを、なぜ二度手間をかけてメールで再確認しなくてはいけないのか、と思うかもしれない。他の人はそんなことやってないのに、なぜ自分だけ？

それはもちろん、メリットがあるからだ。メールでのタスク確認には、次の3つの利点がある。

- 関係者に内容を確認してもらうことで、誤解や聞き漏らしが修正される可能性が上がる
- 日付・時間つきで履歴が残り、あとで探して参考にできる
- 後日ミスが出たとき、それが指示側のミスなのか自分の受け取り違いなのか確認できる

もちろん、確認メールを出したからといって必ずしもそれを皆に確認してもらえるわけではない。確認した内容が間違っていて、誰もそれを指摘してくれなかったとしても、他人に責任を問えるわけでもない。しかし自分の情報を共有することによって、誰かから指摘をもらえる可能性は高まる。自分が今何の仕事を抱えているのか、なるべく上司やチームのメンバーに広めておくことが、自然に自分を助ける環境へとつながっていくわけである。

実際のメールの内容については、次の約束を守って作ろう。

- **自分のタスクは1つであっても箇条書きにして、見やすくする**
- **数量や締切りなど、数字で表せる情報を明記する**

締切りが特に決まっていない（「時間のあるときで良い」などと言われたなど）場合でも、自分で設定して確認しておいたほうが良い。

宛先は指示者や上司を宛先とし、その仕事に関係する同僚をCCに入れる。会議の出席者が全員同格である場合には、社内の出席者全員を宛先としておく。

指示を聞いても何をすればいいかわからない

対策

- 明確なゴールイメージと明確なプランを作る
- 「相手からダメ出しされるためのプラン」を作る
- 相手の言葉やモノをターゲットに1つひとつ質問する
- 業務を分解してみる

事例 「適当にお願い」と言われてもどうしたらいいのやら……

「この空き部屋、来週から使いたいから整理しといて」と言われて入った部屋は、机や椅子や段ボール箱、束になった書類が雑然と放り込まれた場所だった。

取りあえず「はい、わかりました」と答えたものの、一体何をどうすればいいのかわからない。

「どうすればいいですか？」と尋ねてみたものの、上司からは「適当にお願い」としか返ってこない。

仕方がないので自分なりに段ボールの並びをそろえたり、斜めに倒れた椅子を直したりしたが、書類などは、多すぎて手のつけようもない。

「終わりました」と報告に行くと、「随分早いね？ じゃあ、見に行くから」と上司。部屋を見て一言、「何これ、全然整理できてないじゃん！」。

「『適当に』と言われたので自分なりに……」と返すも、「来週から使いたいって言ったでしょ。これでは使えないじゃん！」と怒り声。だったら具体的に、何をどうするのか指示して欲しい。

原因 プランとゴールのイメージの難しさ

仕事に限らず、何かの行動を完成させるには、ゴールのイメージとそれに到達するためのプランが必要だ。

たとえばASD、ADHDに共通して苦手な仕事といわれているのが、**「整理整頓」**だ。整理が苦手である理由として、段取りを立てることの難しさがあるためと考えられている。つまり計画や予定を立てたり、予測や見込みをつけたりすることが苦手ということだ。掃除や整理は1つの仕事ではなく、ゴミを集めて捨てる、掃除機をかける、床にモップをかけるなどさまざまな要素を持つ。これらを効果的に組み合わせ、「きれいになったイメージ」を考えながら計画的に実行していかなければならない。ASDの人は本来、明確なスケジュールや手順に沿った行動が得意なことが多いのだが、にもかかわらず**計画を立てること自体は得意ではない**のだ。

　あるいは自分なりの計画を立てて、その通りに行動することはできても、**他者の予定や要望などの外部要因を考えて計画を作ることは苦手**な場合もある。その場合は、他者の目には結局「計画的でなく、勝手に動いている」ように映ってしまう。こうしたことから、他者からの評価と自分の認識がすれ違って混乱を生んでしまうことになる。

　また、一度計画を立てるとその実行が目的化しやすい。たとえその計画が不合理であると認識していても、計画通りにしないと落ち着かなくなる。先に自分の中で自分なりの計画を作ってしまうと、あとから会社に命じられた計画も実行が難しくなってしまう場合もある。

　発達障害関係の本などで「ASDは計画的な行動が苦手」と書かれて、「そんなことはない。むしろ、計画通りにいかないと腹が立ってしまうのに」と違和感を覚えてしまう人もいたかもしれない。この問題には、そんな矛盾した性質が関わっている。

　ゴールイメージについても、難しさがある。ASDには、他者の気持ちをくみ取ったり共感したりすることが苦手なため、**相手が最終的にどんなことを望んでいるのかを想像することも得意ではない**。はっきり明確に、できれば目に見える形に指定してもらえないと、仕事の完成形を自分の中に作れない。

　ADHDの人の場合はゴールのイメージはできても、**その経過となるプランを立てるのが苦手なため、具体的に何をやったらいいかわからなくなる**。そのため、実行の一歩目が踏み出せずにゴールを見上げるままの状態になってしまい、結果先延ばしの原因の1つにもなる。

解決法　明確なゴールイメージと明確なプランを作る

ＡＳＤやＡＤＨＤの人がうまく仕事をこなすには、**明確なゴールイメージとプランが必須**となる。

しかしやっかいなことに、多くの仕事はこれがないまま投げられてくる。プランどころか、明確なゴールさえわからないこともある。「売れる新商品を作る」といった大きなタスクはもちろんのこと、「この部屋を片づける」という身近な仕事でさえそうだ。

これらの目的はゴールのように見えて、実際はそうではない。〝目的を達成するためのゴール〟を、まずは設定しなくてはならないのだ。つまり、「売れる新商品」とは「世界一吸い込みが強い掃除機」なのか、「納豆味のポテトチップス」のことなのか。何を作るのかをまず決めなくては、それをどうやって作るのかの計画など立てようがない。

事例に挙げた「部屋を整理する」という仕事も同様である。指示者には、何となく「期待する状態」がある。「仕事部屋として使える状態」というのが、それだ。しかし、それが具体的にどういう状態であるのかというゴールイメージは曖昧である。プランに至っては、考えるつもりもないだろう。プランの立案も含めて、あなたにお願いしているわけである。

つまり部屋の整理とは、語感からはとても結びつかないが、極めて創造的な仕事なのだ。相手の頭の中にすらない「きれいな状態」を考え出し、その上で相手を満足させる必要があるのである。

発達障害があると、相手の気持ちや「一般常識」からゴールイメージを構築することは難しい。相手に何も聞かずともその趣向から気を利かせ、相手の満足する状態を生み出すのはまず不可能だ。だからまずやるべきは、**指示者の頭の中にあるイメージを質問などによってなるべく引き出し、両者で共有できるゴールを作り出すことだ**。もちろんそのゴールはどちらにとってもわかりやすく、明確で具体的なものである必要がある。

「相手からダメ出しされるためのプラン」を作る

ゴールイメージが大事といっても、直球で相手に尋ねてもまず有効な答えは返ってこない。この時点では、相手の中にもまず明確なイメージは存在していないからだ。だからゴールイメージは相手から引き出すというよりも、実際は**相手と一緒に作り出す**ことになる。

事例の「部屋を整理する」という仕事を例にして考えてみよう。

自分がこれを実行するために必要なことは、「整理して」という曖昧な指示を、具体的でそのまま実行可能な行動に落とし込むことだ。「整理する」と一言でいっても、その具体的な内容はゴミを捨てる、机の配置を直す、書類をファイリングして棚に並べるなど状況によって多岐にわたる。

ある程度は自分でプランが立てられる。けれども、相手の意図とすれ違ってしまうことがある――このくらいのプランニング力があるなら、**まず自分がやろうとしていることを細かく箇条書きにしてみよう**。たとえば、先ほどの例のように「部屋を整理して」と言われたとしたら、

- 空き段ボールをつぶして梱包し、廃棄する
- 書類はファイリングして、「××室資料」と書いたラベルを貼って資料室に収める
- 机の上の小物類は、1つの段ボール箱にまとめておく
- 床をモップがけする
- 机を濡れ拭きする
- 机と同じ数だけの椅子を濡れ拭きし、残りは倉庫にしまう

などと自分のやろうとしていることを書き出して、指示者に見てもらう。ここで「書類はいらないから全部シュレッダーして」とか、「段ボールはあとで使いたいから、倉庫に持っていって」のような修正が入ればそれに従う。このプランが完成すれば、同時にそれがゴールのイメージにもなる。つまり、このプランをすべてやり終えた状態がゴールだ。

プランを持っていって、たとえ「全然違うよ！」という答えが返ってきても構わない。そのとき改めて、「では、どうしましょうか」

「ダメ出しされるプラン」を作る際のポイント

- **自分がやろうとしていることを細かく箇条書きにする**
- **ダメ出しをしてもらうためのものと割り切り、完璧を目指さない**
- **具体的に何をするかを明記する**
- **具体的な行動が浮かばないときには相手に質問する**

と相手の「整理」のイメージを伺えば良い。人間にはゼロからイメージを作り上げることが難しい一方で、何かしらのイメージがあれば、それに対しては具体的で細かい指摘ができる傾向がある。自分のプランは、それを引き出すための叩き台と考えておけば良い。だからこの場合の自分のプランは、自信のあるものでなくてもまったく構わない。むしろ**ダメ出しをしてもらうためのもの**と割り切る。

　ただし、「どうせダメ出しをされるものだから」と適当に考えると、相手の指摘も適当になってしまう。特に「掃除する」や「片づける」など、**具体的に何をすれば良いのかわからない表現は避ける**。整理であれば、「何を」「どこに」「どうするか」をはっきりと書き出そう。「掃除する」は机を拭くことなのか、床をモップがけすることなのか。「片づける」は、段ボールをつぶして捨ててしまう

具体的なイメージが浮かばない場合の質問例

仕事内容	具体的な情報を引き出しやすい質問
使っていなかった部屋や倉庫の整理	「どの部屋のようなイメージで整理しますか？」
やったことのない種類の書類作成	「フォーマットはありますか？」 「昔の作例などはありますか？」
はじめてやる軽作業	「マニュアルはありますか？」 「社内で、経験者はいますか？」
新規商品の開発	「他社も含めて、これまでの商品でイメージするものはありますか？」
備品の購入	「購入する商品は決まっていますか？」 （決まっていなければ）「予算と購入数はどのくらいですか？」 「値段優先でいいですか？」

ことなのか、それとも倉庫に積み上げておくことなのか。相手からOKをもらえればそのまま実行できるように、「これしかやらないけど本当にいいですね？」と問い質すくらいの気持ちで、具体的に書き出そう。たとえば散らかった書類の整理であれば、「書類は無作為にファイリングし、資料室に収める」と書く。「無作為に」に指摘が入るなら、そのときはどういう分類が良いかを聞けばいい。掃除であれば、「床に掃除機をかけ、机を水拭き」。空き段ボールの片づけなら、「段ボールはすべてつぶして、梱包して廃棄」といった具合だ。それが具体的であるほど、相手からの指摘も具体的になってくる。

　最終的に、何をどうやるかを明確に描き出した一覧ができあがったところで、それがプランとなり同時にゴールイメージともなる。

相手の言葉やモノをターゲットに1つひとつ質問する

ダメ出しされるためのプランも浮かばなかったり、どうしても自分では具体化が難しかったりする場合には、やはり相手から聞き出すしかない。

　しかし前述の通り、曖昧な質問にはほぼ曖昧な回答しか返ってこない。具体的な質問をするには、**そこにあるものや相手の言葉からピックアップする**必要がある。

　事例に挙げた「部屋を整理する」という仕事であれば、部屋の中にある段ボールや書類、机などのモノを焦点として質問をしていく。「この段ボールはどうしますか」「この書類はどうしておきますか」と1つひとつ聞いていこう。「部屋全体」といった広すぎるターゲットのままではなく、モノの1つひとつに分解してそれをどうするかを決めていくのだ。

　具体的なモノがまだない仕事なら、相手の言葉や仕事の内容から質問のポイントを拾うことになる。この際、**なるべく「目に見えるもの」「具体的なこと」を引き出す質問をしたい**。

　たとえば、「次の商品の社内プレゼンを作ってよ」といった指示を受けたとする。「次の商品」のプレゼンを作るために、引き出せそうな「目に見えるもの」は何か。まず考えられるのは商品の実品だったり、資料であったりするだろう。「社内プレゼン」ということに注目すれば、過去に同じようなプレゼンをしていればその資料も参考になる。

　「具体的なこと」は、まず数字の出るものをポイントにする。プレゼンの日程は締切日に直結するし、発表時間は用意するスライドや資料の量を決める。一度目に見えるもの、具体的なものを引き出せば、あとはそれを手掛かりに、さらに情報を引き出していける。

質問は、できればまとめて出したい。しかし、実際に仕事を進めてみないと質問が出てこないこともある。仕事を請けたときに、「わかりました。わからないことがあったらその都度質問させていただいてもよろしいですか？」と一言伝えておくと良いだろう。いちいち聞いてくることを、相手が嫌がることも考えられるが、相手の意図とまったく異なることをやってしまうよりははるかに良い。

仕事を進めながら、その都度、やったことを記録しておこう。これを保存しておけば、次回同じような仕事を頼まれたときに自分でプランニングするヒントとなる。

業務を分解してみる

1つの仕事を具体的な行動に分

仕事を分解するときに考えるべきこと

大要素	詳　細	TODO
時間	開始日・時間	依頼日を記録する
	締切日・時間	依頼者に確認する
人	依頼者	質問や確認はいつできる？→スケジュールを確認しておく
	提出・報告先	内容・締切日を知っている？→本人に確認
	チェッカー・アドバイザー	あらかじめ内容を伝え、お願いしておく
	共同作業者	あらかじめ内容を伝え、お願いしておく
モノ	最終提出物	依頼者に確認する
	タスクチェックリスト	作成して、依頼者に確認
	必要な道具	一覧表を作る

解するのには、慣れがいる。仕事の分解の仕方として、その仕事に関わる時間・モノ・人を起点に考えるとやりやすい。

　まず、だいたいどんな仕事でもやっておくべきことは、70ページの表の通りだ。タスクチェックリストや道具の一覧などは頭の中でやってしまう人もいるが、業務の分解が苦手であるうちは文書として作成しておくことをお勧めする。こうした内容を、次ページのような表にまとめてみよう。

「業務タイトル」は自分と依頼者との間で「その仕事」を一言で表すために重要なので、自分でできなければ相手に聞いてでも必ず記入する。

「関係者・社」、「日時」は直接依頼者に尋ねれば良い。依頼者と提出・報告先が同じであれば、これは「同上」もしくは「〃」と記入しておく。

「最終提出物」は、「それを提出・報告先に提出することで仕事完了とみなされるもの」だ。提出するものがないような仕事であれば、報告書や業務チェック表をこの最終提出物とする。仕事が完了したときには単に「終わりました」だけではなく、この業務チェック表を見せながら「〜と〜と〜と〜をしました。以上で完了としてよろしいでしょうか」と報告したい。

　さて、ここまでの項目は機械的に埋めることができるが、問題は「具体的にやること」の欄だ。つまり、ここがタスクリストとなる。このフォーマットでは、必要な道具の一覧表も兼ねている。

　ここにまず、「取りあえずこれをやればいいんじゃないか？」と自分で考えつくタスクを入れていこう。ただし、その内容は、**自分ですぐに行動に移せるもの**である必要がある。「その通りにして」と言われたときに「具体的にはどうすればいいんですか？」と質問したくなるような内容は、記入しないこと。逆に1タスクしか思い浮かばなくても、そのまま実行できる内容であればそれで構わない。

　タスクが思い浮かばなくても、作成例の〝椅子〟や〝テーブル〟のように取りあえずこれについて何かをする必要があるとか、この道具が必要だ、と思われることがあったら、「具体的にやること」は空欄のままでいいので書き入れておく。具体的にやることが何も思い浮かばなかったら、関係しそうなものや道具などを連想してとにかく書き入れよう。

　書けるだけ書いたら、この表を依頼者に見せて確認してもらい、空白部分について聞き直す。作例の場合なら、「椅子はどうしますか」「テーブルはどうしますか」といった具合だ。この表が完成したら、あとは実行するだけでいい。

業務整理票

<table>
<tr><td>業務
タイトル</td><td colspan="4"></td></tr>
<tr><td rowspan="2">関係者・社</td><td>依頼者</td><td></td><td>チェッカー・
アドバイザー</td><td></td></tr>
<tr><td>提出・報告先</td><td></td><td>共同作業者</td><td></td></tr>
<tr><td>最終提出物</td><td colspan="4">（モノがなければ業務チェック表を作成）</td></tr>
<tr><td>日時</td><td>開始日
（依頼日）・時</td><td></td><td>締切日・時</td><td></td></tr>
<tr><td colspan="2">具体的にやること</td><td>必要な道具</td><td>すぐ取りかかれる？
ダメならなぜ？</td><td>どうすればいい？</td></tr>
<tr><td colspan="2"></td><td></td><td></td><td></td></tr>
<tr><td colspan="2"></td><td></td><td></td><td></td></tr>
<tr><td colspan="2"></td><td></td><td></td><td></td></tr>
<tr><td colspan="2"></td><td></td><td></td><td></td></tr>
<tr><td colspan="2"></td><td></td><td></td><td></td></tr>
</table>

業務整理票（作成例）

<table>
<tr><td>業務
タイトル</td><td colspan="4">会議準備</td></tr>
<tr><td rowspan="2">関係者・社</td><td>依頼者</td><td>辰巳課長</td><td>チェッカー・
アドバイザー</td><td>鳥居さん</td></tr>
<tr><td>提出・報告先</td><td>辰巳課長
潮田TL</td><td>共同作業者</td><td>なし</td></tr>
<tr><td>最終提出物</td><td colspan="4">業務チェック表
（モノがなければ業務チェック表を作成）</td></tr>
<tr><td>日時</td><td>開始日
（依頼日）・時</td><td>2018/2/19
14：00</td><td>締切日・時</td><td>2018/2/20
12：00</td></tr>
<tr><td colspan="2">具体的にやること</td><td>必要な道具</td><td>すぐ取りかかれる？
ダメならなぜ？</td><td>どうすればいい？</td></tr>
<tr><td colspan="2">掃除機をかける
机を濡れ拭きする</td><td>掃除機
雑巾</td><td>掃除機・雑巾は
どこにあるの？</td><td>総務の鳥居さんに
聞く</td></tr>
<tr><td colspan="2">会議資料をそろえる</td><td>会議資料
コピー機</td><td>何部いるのか
わからない</td><td>潮田TLに聞く</td></tr>
<tr><td colspan="2"></td><td>椅子</td><td></td><td></td></tr>
<tr><td colspan="2"></td><td>テーブル</td><td></td><td></td></tr>
<tr><td colspan="2"></td><td></td><td></td><td></td></tr>
</table>

文字ならわかるのに、耳で聞くと内容が頭に入ってこない

対策

- 取りあえず聞き取れた部分だけを文書にまとめ、穴になった部分を聞き直す
- 音声入力アプリを活用する

事例　指示書やマニュアルを作ってくれれば理解できるのに……

「すみません、さっきのご指示でちょっとわからないところが……」

「えっ、それさっき説明したでしょ。また聞いてなかったの?」

面倒くさそうな顔をする上司に、すみません、と頭を下げる。正直にいえば、指示を受けたときには話の内容の半分も頭に入っていない。相手の話のペースに合わせられないというか、今の話を一生懸命聞こうとしているうちに相手の話が先に進んでしまうような感覚。

そんな状態だから仕事を始めても途中でわからなくなって質問しに行ったり、指示された内容に抜けが出てしまったりすることになる。

指示書やマニュアルを作ってくれればわかりやすいのにと思いながらも、そんな負担を上司にお願いするのもはばかられる。一体、どうすればいいんだろう。

原因　視覚優位で音情報の処理が苦手

口頭指示の聞き取りはＡＳＤの場合、**コミュニケーションと音声情報の処理の苦手**があいまって、文書指示よりもさらに課題が出やすくなる。また、言葉としては聞き取れていても言葉の意味の理解が偏っていたり、「あれ」「これ」といった指示語が指すものがわからなかったりして、**意図を読み違えたり理解できなかったりも**

する。

主にＡＤＨＤ傾向の人に強く表れるワーキングメモリ、**短期記憶力の低さ**も理由のひとつだ。言葉に出された情報はあとに残らないので、記憶しきれなければ取りこぼす一方になってしまう。聞いてメモしようと書き出したときにはもう忘れてしまう、ということさえあって、本人の努力だけでは克服することが難しい場合もある。

解決法　躊躇せずに聞き返すのが基本

この場合、相手のペースに合わせて言葉を聞き取るよりも、**自分から質問をして回答を得るほうがしっかりと情報を受け取りやすくなる**。

一度聞いた「はず」のことをすぐに聞き直すのは、気が進まないことだ。しかし指示する側から見れば、失敗してから「実は聞けなくて……」と言われるよりも、何度も確認されてから確実な仕事をしてもらうほうがずっと良い。

無理して有能社員のイメージを作る必要などはない。不器用でも、堅実な仕事をするいぶし銀を目指したい。

取りあえず聞き取れた部分だけを文書にまとめ、穴になった部分を聞き直す

頭の中だけにある状態だと、自

Column

今は企業への就職は難しいと判断したなら

就労継続支援施設とは、一般の就労が難しいと考えられる人を対象に就労の場を提供する施設だ。就職は難しくても、仕事で社会とつながりを持ちたい、あるいは長期的に訓練を積んで、いずれまた就職に挑戦したいという人に適している。

就労継続支援にはＡ型とＢ型があり、それぞれ役割が異なっている。

・就労継続支援Ａ型

就労継続支援Ａ型とは就労活動の場を提供する福祉施設であるとともに、働く人と雇用契約を結んで営利的な活動を行う事業者でもある施設だ。つまりＡ型の利用者は、同時に社員でもあることになる。正式な雇用契約を結ぶため、最低賃金以上の金額で給料も支払われる。

ある程度の収入を得て働きつつ、福祉施設としてのサポートも受けられる点がメリットになる。

労働時間は施設によるが、週５日・１日４時間の勤務体制が多いようだ。

・就労継続支援Ｂ型

就労継続支援Ｂ型とは、日中活動の場として働く場を提供する福祉施設だ。利用者は働くことで社会とのつながりを得たり、長期的な視野で就職を目指して訓練を積んだりすることができる。

給料は支払われず、労働活動から利益が発生すればその分が工賃として支払われる。収入はほとんどないが、就労移行支援と異なり長期的な利用ができる点がメリットになる。

分にとって必要な情報がそろっているのかいないのかもなかなか判断がつかない。**まずは聞き取れた部分だけでも文書に起こしてみよう**。聞き漏らしてしまった部分は〇〇や（　）としておき、とにかく受けた内容を書き記す。

音声入力アプリを使う

アンドロイドでもアイフォーンでも、現在のスマホには音声認識機能が備わっている。これを活用する方法を考えてみよう。

もちろん上司の前でいきなりスマホを差し出すわけにもいかないので、外付けのマイクを使う。電話用のヘッドセットでも良いが、使いやすさを考えるとスマホに対応したピンマイクがいい。

アンドロイドでもアイフォーンでも、単純にメモ帳系のアプリで音声入力モードをONにしてお

代表的な音声入力アプリ

アプリ名	特　徴
Speechnotes	• Android用のアプリ • 句読点や改行などを手動で入力できる
声で筆談	• Android用のアプリ • 聴覚障害者とのコミュニケーションを支援する目的で開発された
Recoco	• iPhone用のアプリ • タグ付けと文字起こしで、聞きたい箇所をすぐ探せる

けば音声の文書化は可能だ。また、業務に音声認識を活用するためのアプリも多数開発されているので、これを使ってみても良い。

アンドロイドでは**「Speechnotes（スピーチノート）」**や**「声で筆談」**といったアプリがある。アイフォーンでは、**「Recoco」**というアプリが有名だ。

ここでは一例として、下記で「Speechnotes」の使い方を紹介するので参考にして欲しい。

どのアプリでもいえることだが、文章化はかなり優秀ではあるものの、完璧ではない。特に専門用語などには弱く、意図したものと違う言葉に変換してしまうことも多い。あくまで指示受けのメモ代わりとして考えて、これを基に改めて指示内容をまとめ直すという使い方をすれば頼れる道具になってくれるだろう。

「Speechnotes(スピーチノート)」の使い方

1 GooglePlayで「スピーチノート」を検索し、アプリをインストールする。

2 アプリを立ち上げたら、図の囲んだ部分が「JA」になっていることを確認する。

memo
もし「JA」以外になっていた場合は、囲んだ部分をタップして「日本語（Japanese）」を選択しよう。これで音声認識が日本語モードになる。

3 マイクの部分をタップすると、取り込みが開始される。あとはマイクから拾った音声を自動的に文章化してくれる。もう一度タップすれば、取り込みが終了する。

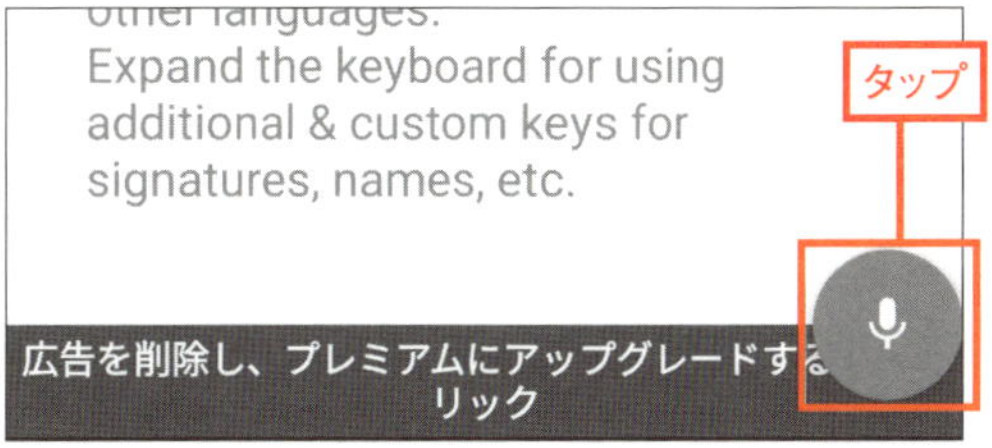

4 最後に紙飛行機のマーク（送信ボタン）をタップすると、メールやLINEなどで文章を送信できる。パソコンに送ってから、誤変換の修正や編集などをすれば便利だ。

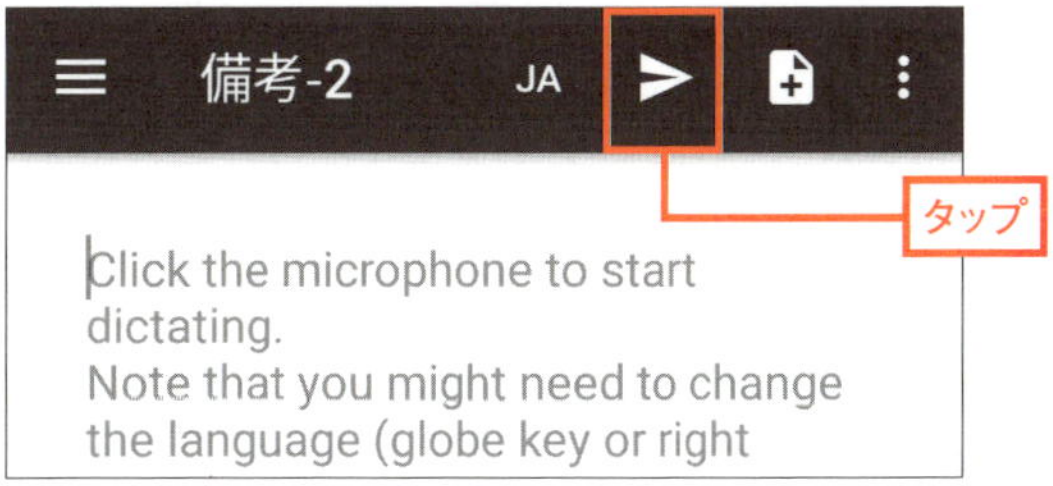

マニュアルや指示書が理解できない

対策

- 苦手な色には、白黒コピーや色つきの用紙で対応する
- 活字がうまく読めないなら、フォントの変更を試してみる

事例

口頭で説明されれば理解できるのに、文字だと頭に入ってこない

小説なら読めるのに、マニュアルや手順書になると頭に入ってこなくなる。目が文字を追ってくれないし、気がつくと読んでいた行を見失っていたりする。行間の狭い文章がずらっと並んでいたりすると、視線がちらついてしまってまったく読み進められない。

既に退職してしまった人の仕事を引き継いで欲しいと言われ、始めた仕事だった。手順書は残していってくれたからと資料を渡されたのだが、これがまったく読み進められないのだ。

口頭で説明してくれれば理解できるし、これまでの仕事はそうして覚えてきた。これまで仕事でまったく問題はなかったのに、こんなことで詰まってしまうとは……。

原因

LDの読字障害、ADHDの集中力の問題など

発達障害の症状のひとつとして、声による情報をうまく受け取れないという悩みを抱えている人は多い。

音声で情報を入れると聞き漏らしや聞き違いが出てしまうので、この場合には文章や図などの視覚情報で補う。

ところが逆に、音声による情報は問題ないのに**視覚からの情報を**

うまく処理できないタイプの人もいる。目に入ってはいるのだが、視覚からの情報をうまく拾うことができないのだ。

「読めない」理由については、個々で異なる。

たとえばＬＤのひとつに、**「読字障害」**がある。これは文字をうまく認識できず、正確に読むことができない障害だ。文字の並びがうまく認識できなかったり、視力に問題がないのに細部がにじんで見えたりする。活字なら読めるが手書きの文字は読めなかったり、その逆だったりする。

ＡＳＤで多いのは、**視覚過敏**だ。ある人は白や赤など特定の色に対して目に刺さるような刺激を感じてしまい、その色がある文書を長時間見ていられない。また、ある人は上下の行にどうしても気を取られてしまい、視線がちらついて長い文章を読み進められない。

視覚過敏とは別に、**脳自体が「音向き」に偏っている**場合もある。文章を理解するためにいったん音読したり、「頭の中で音読」という過程が必要な人もいる。

発達障害全般に共通して、長い文章の全体から細かい部分を見逃してしまったり、逆に個々の文章を組み立てて全体像を推測することができなかったりすることは出やすい傾向だ。また平面の図や写真から立体をイメージできず、参考にできないタイプの人もいる。

ＡＤＨＤの場合は、**集中力を自分でコントロールできない**ことが原因で「読めない」場合がある。必要であっても興味がないとその文章に集中できず、無理に読んでも内容が頭に入ってこない。また、いつの間にか目に映った別の箇所を読んでしまっていたり、先が気になって別のページを開いてしまったりする。

発達障害ではないが、うつや統合失調症に現れる症状のひとつに**「本が読めなくなる」**というのがある。発達障害を抱えた人でも、ストレスによる二次障害でうつ病や統合失調症を患ってしまう例は多い。

昔は読めたのに最近文章が読めなくなった場合には、この二次障害のアラートが出ている可能性もある。

うつとまではいかなくとも、緊張や不快な状況によるストレスやパニックで一時的に同じ状態になってしまうこともある。

解決法　「読めない」原因を分析して、対策を考える

原因に挙げた通り、一口に「読むのが苦手」といってもその理由は個々で異なってくる。まず自分が読めない理由を分析し、そのあとに対策を考えていこう。

LDによる読字障害には、理解や助けが必須

重い読字障害などでそもそも字がまったく読めない場合には、**職場側の理解や他人の助けが必須**だ。マニュアルではなく口頭やOJTで教えてもらうようお願いしたり、家族などに協力してもらって文章を読み上げてもらい、それを録音して覚えるようにする。

時間はかかるが独力で読むことができる場合には、マニュアルのコピーを取らせてもらえれば自宅や休憩時間を使って読むという努力も可能になる。

苦手な色がある場合は、白黒コピーや色つきの用紙で対応する

白・黒以外の色が苦手な場合には、マニュアルを**白黒やグレースケールの設定でコピーする**。色の情報が必要な場合には、下の画像のようにあとから手書きで色の情報を入れておこう。

白が苦手な場合には、コピーに使う用紙そのものを変えれば良い。コピー用紙には薄いグリーンやピンクなど、さまざまな色のものが用意されている。実際に家電量販店などで商品を見て自分の目に優しい色を選び、自分用に購入しておく。あとは職場にお願いして、この色つき用紙を使ってマニュアルをコピーさせてもらう。

複合機の機種によっては、ネガポジ反転の機能を持つものもある。インクを大量に消費してしまうというデメリットもあるが、黒地に白字のほうが見やすい場合にはこれを活用しても良いだろう。

ワードで作られたマニュアルであれば、もっと手軽に色を変えられる。下の画像のように「ページレイアウト」タブから「ページの色」を選択し、あとは好きな色を選べば良い。

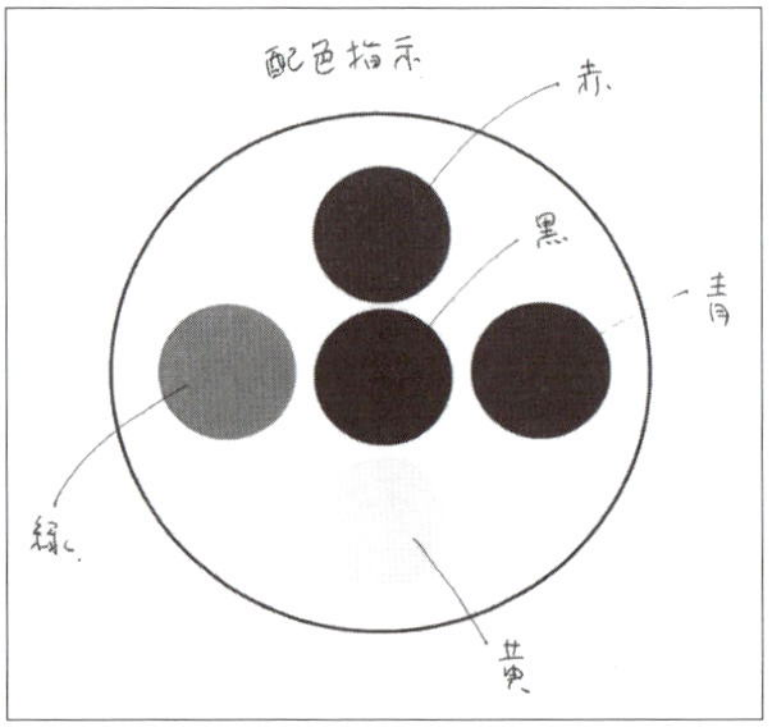

白・黒以外の色が苦手な場合には、マニュアルを白黒やグレースケールの設定でコピーし、手書きで色の情報を入れておく。

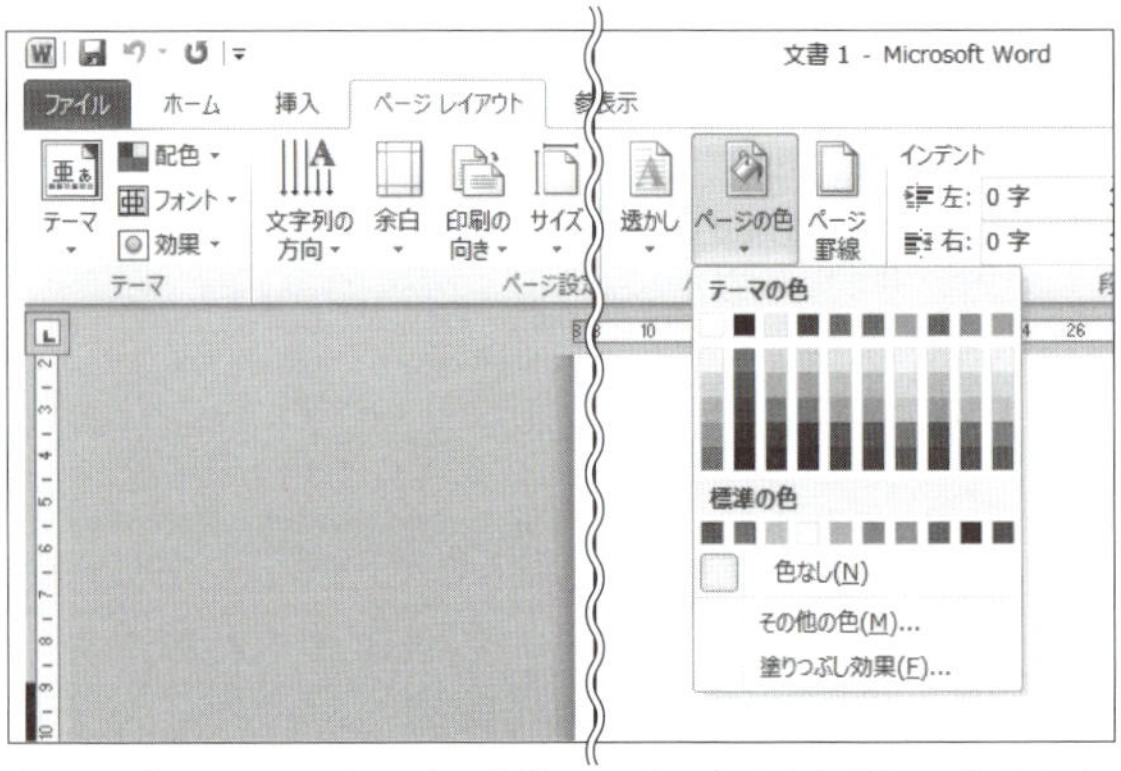

「ページレイアウト」タブから「ページの色」を選択し、好きな色を選べば、ページの色が変わる。

活字がうまく読めないタイプなら、フォントの変更を試してみる

活字を認識しにくく、手書きの文字なら読める人には、**フォントの変更**が有効だ。ワードなどで作成された文書ファイルであれば、別のフォントに置き換えて編集することができる。

ネットで「手書き　フォント」で検索すると、いろいろな自作フォントを見つけることができる。ここではそのひとつである「仕事メモ書きフォント」を例に、導入方法を紹介する。変更の仕方は次ページの通り。

このようにネットにはさまざまなオリジナルフォントがあるので、自分の目と脳に合うタイプのフォントを探してみよう。

長い文章も1行ずつ読めば理解できる

視覚過敏があると、行間が狭い文章では上下や左右の行に視線が移ってしまい長い文章が読めなくなってしまうことがある。

対策としては、下の画像のように**厚紙などで1行分だけを読めるようにした道具を作る**ことで、文章を読みやすくできる。OHPシートに色枠を印刷して作れば、くり抜く手間も省けて簡単だ。

また共栄プラスチックの**カラーバールーペ**を使うと、1行分だけを拡大した上にラインマーカーを引いたような状態にできる。

これらの道具を常備しておけば、長い文章を読まなければならなくなった場合にも対応ができるようになる。この方法は、読んでいる以外の部分に気を取られてしまうADHDの場合にも有効だ。

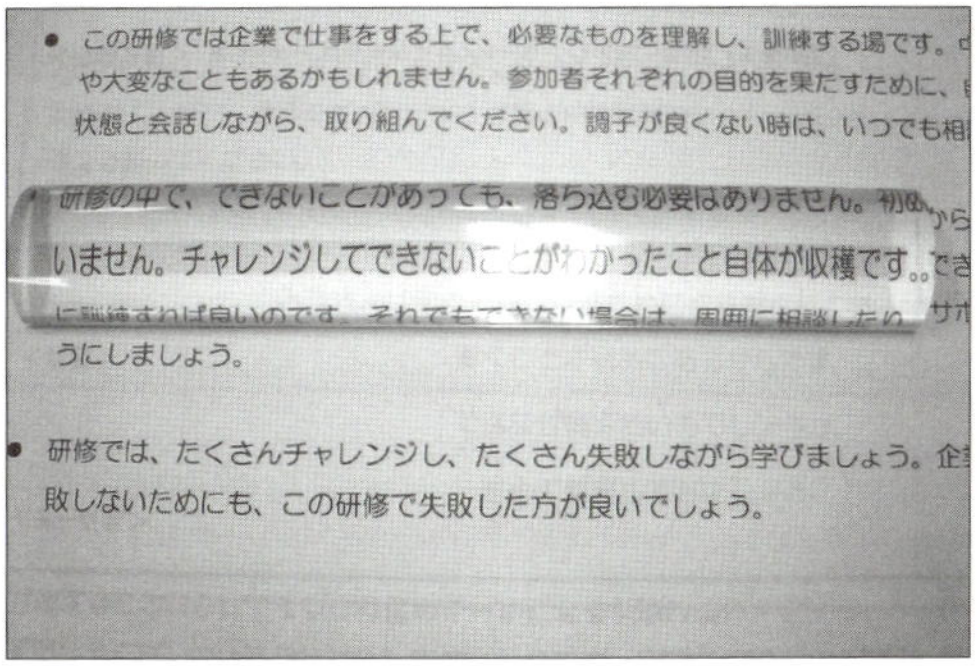

共栄プラスチックのカラーバールーペを使えば、1行分だけを拡大した上にラインマーカーを引いたように見やすい状態にできる。

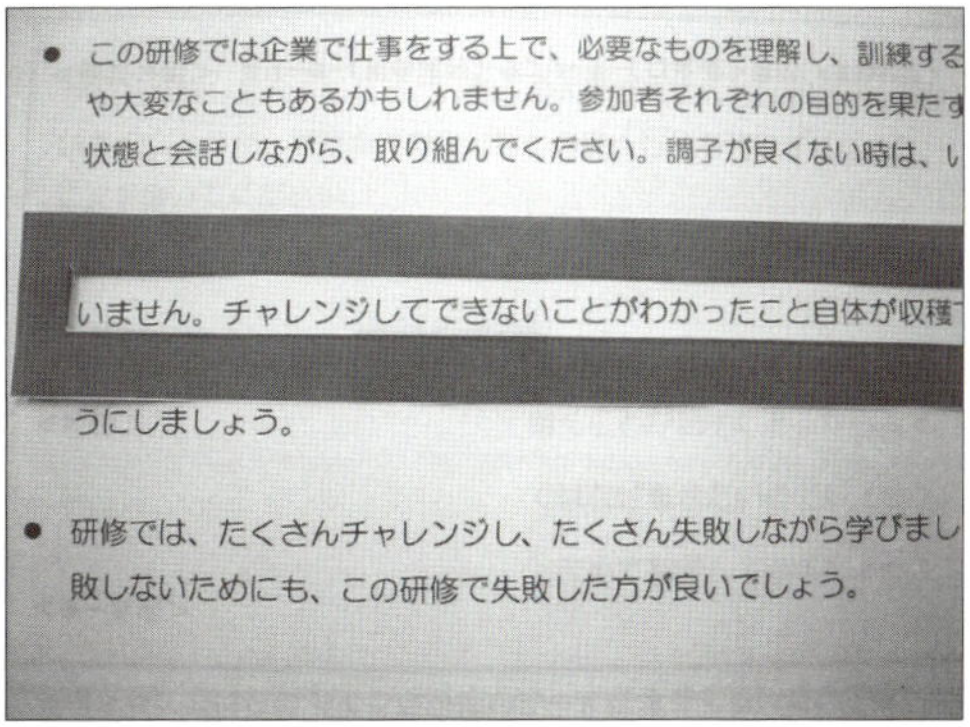

厚紙などをくり抜いて1行分だけ読めるようにすれば、長い文章も読みやすくなる。

「仕事メモ書きフォント」に変更する手順

1 「すもももじ（http://font.sumomo.ne.jp/index.html）」にアクセスして、「仕事メモ書きフォント」をクリックする。

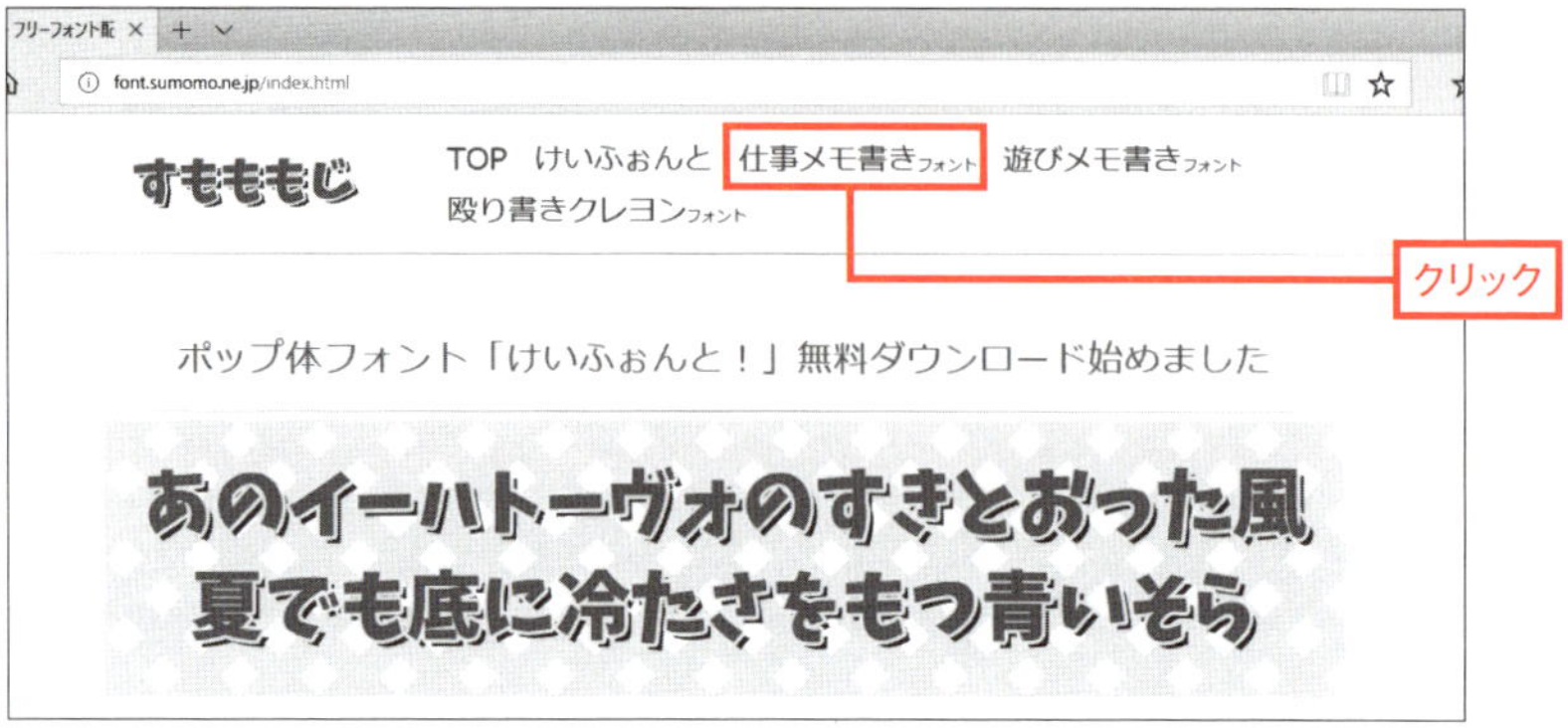

2 少し下にスクロールして、「ダウンロード」をクリックする。

3 「保存」をクリックする。

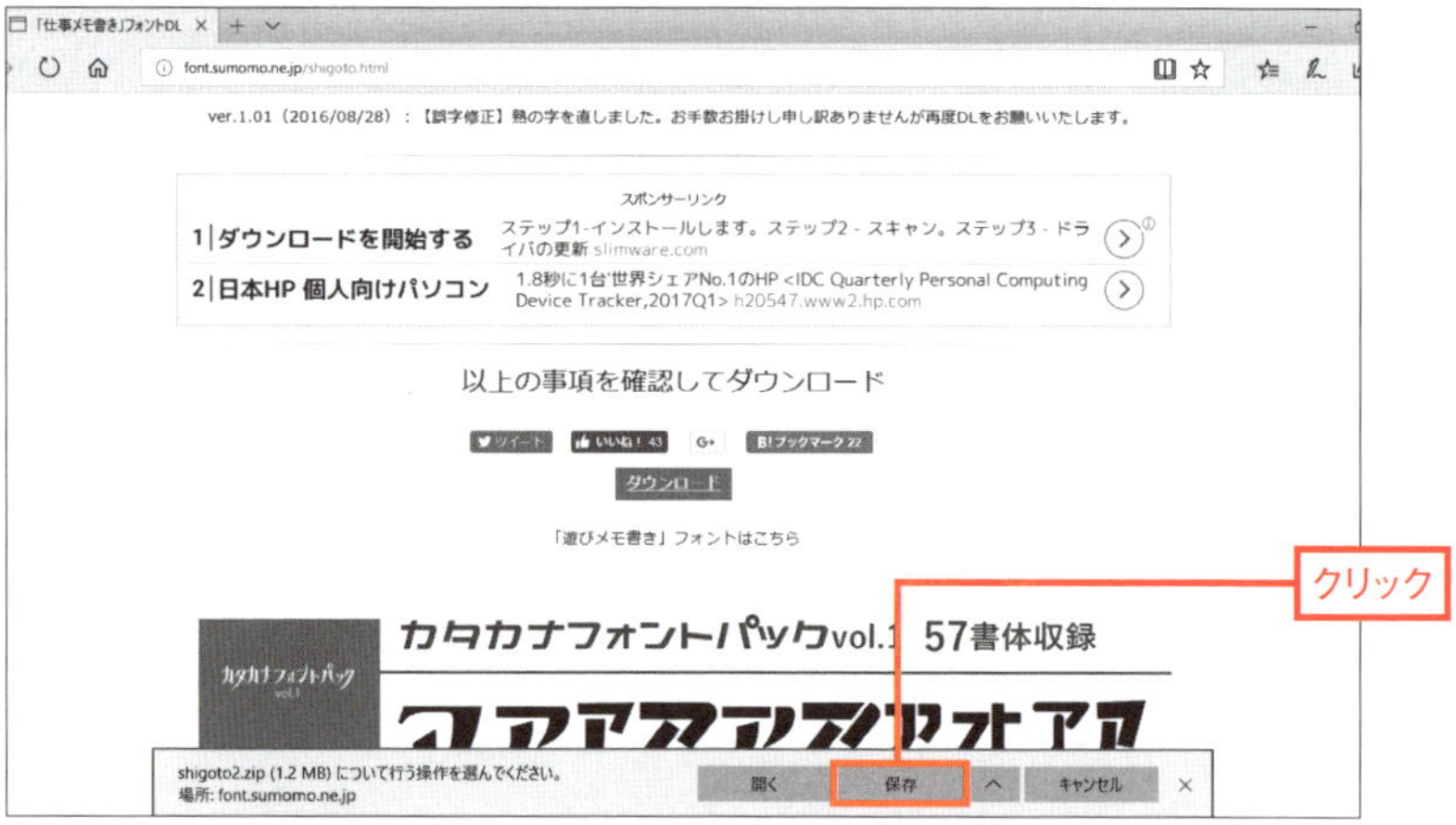

4 ダウンロードが完了したら、「フォルダーを開く」をクリックする。

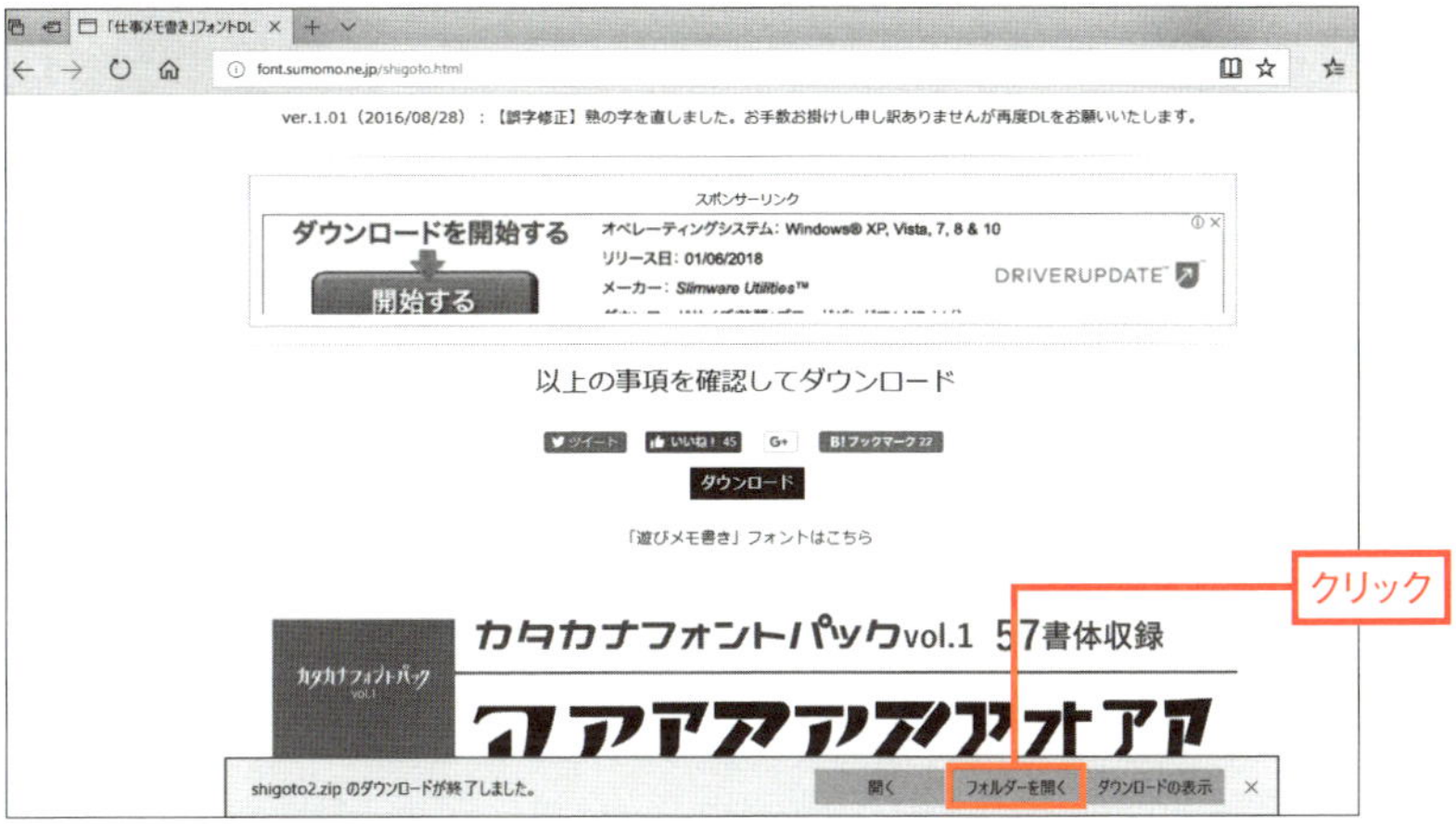

5 自動でダウンロードしたファイル（この場合、「shigoto2.zip」）が選択されているので、この上で右クリック（❶）→「解凍」（❷）→「ここに解凍」（❸）を選択する。

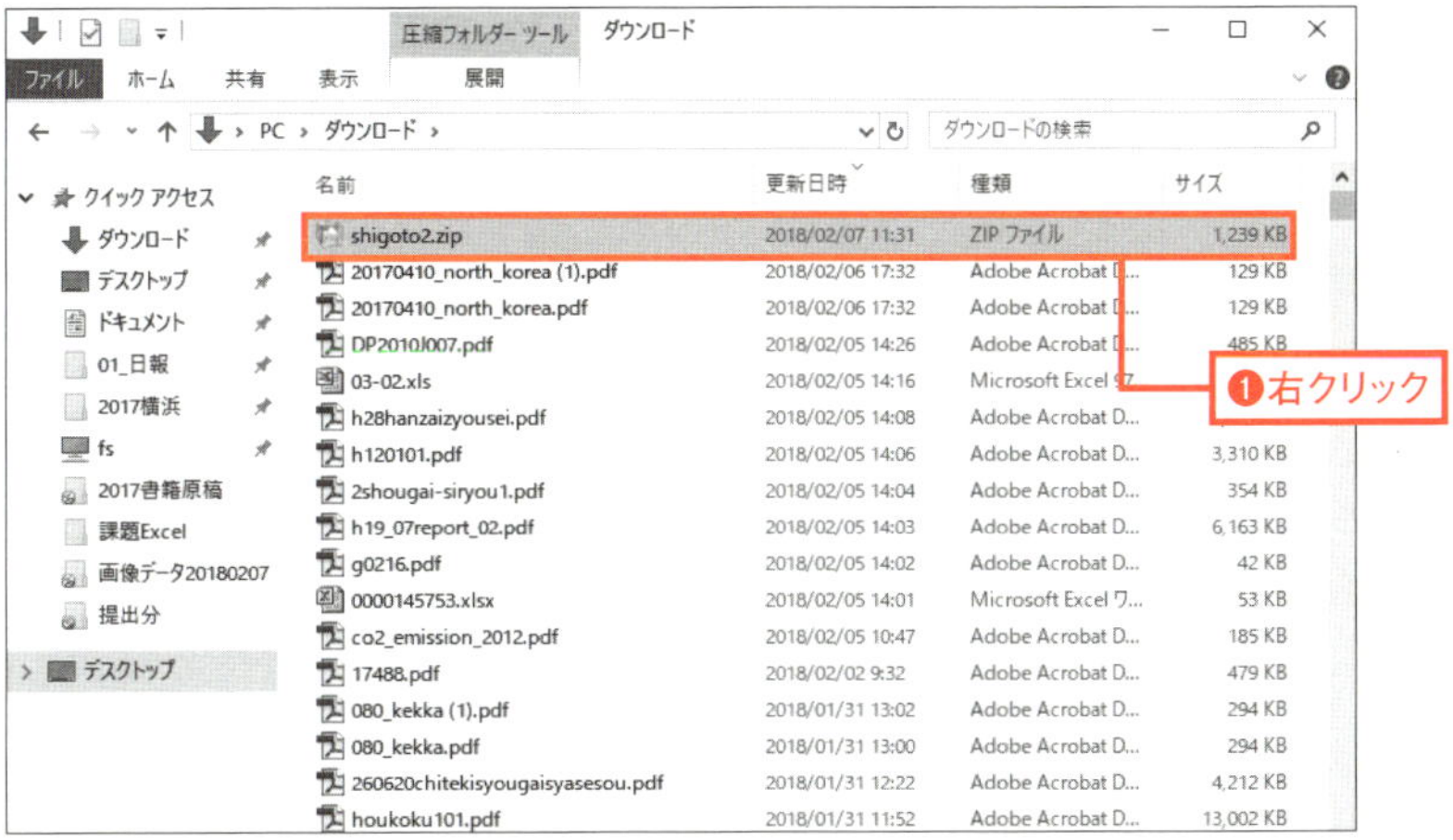

6 開いたウィンドウから、フォントファイル（アイコンに青い「A」の文字があったり、「種類」が「TrueTypeフォントファイル」になっていたりするファイルを探す。この場合は、「ShigotoMemogaki-Regular-1-01.ttf」）を右クリック（❶）→「インストール」（❷）を選択する。これで、新しいフォントを使う準備は完了だ。

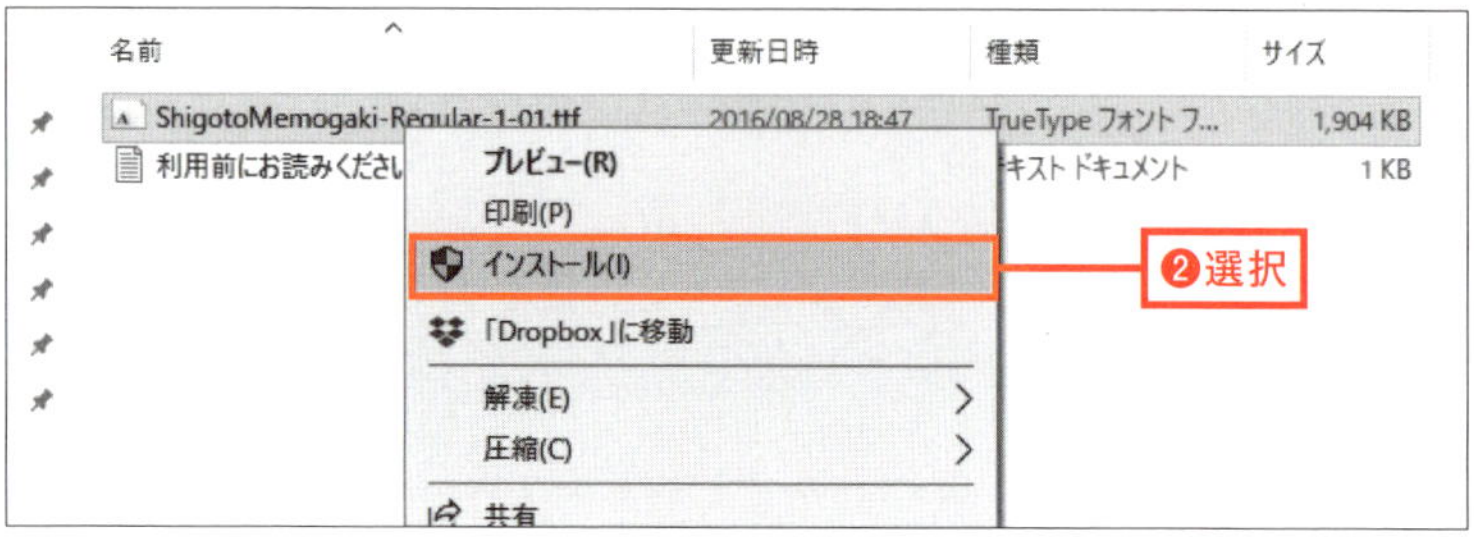

7 インストールしたフォントは既存のフォントと同様に使うことができる。ここでは、既に別のフォントで作った文書をこの新しいフォントに置き換えてみよう。ワードでマニュアルのファイルを開き、「Ctrl」を押しながら「A」を押す。

8 「ホーム」タブから「▼」をクリック（❶）し、「仕事メモ書き」を選択（❷）するとフォントが変換される。

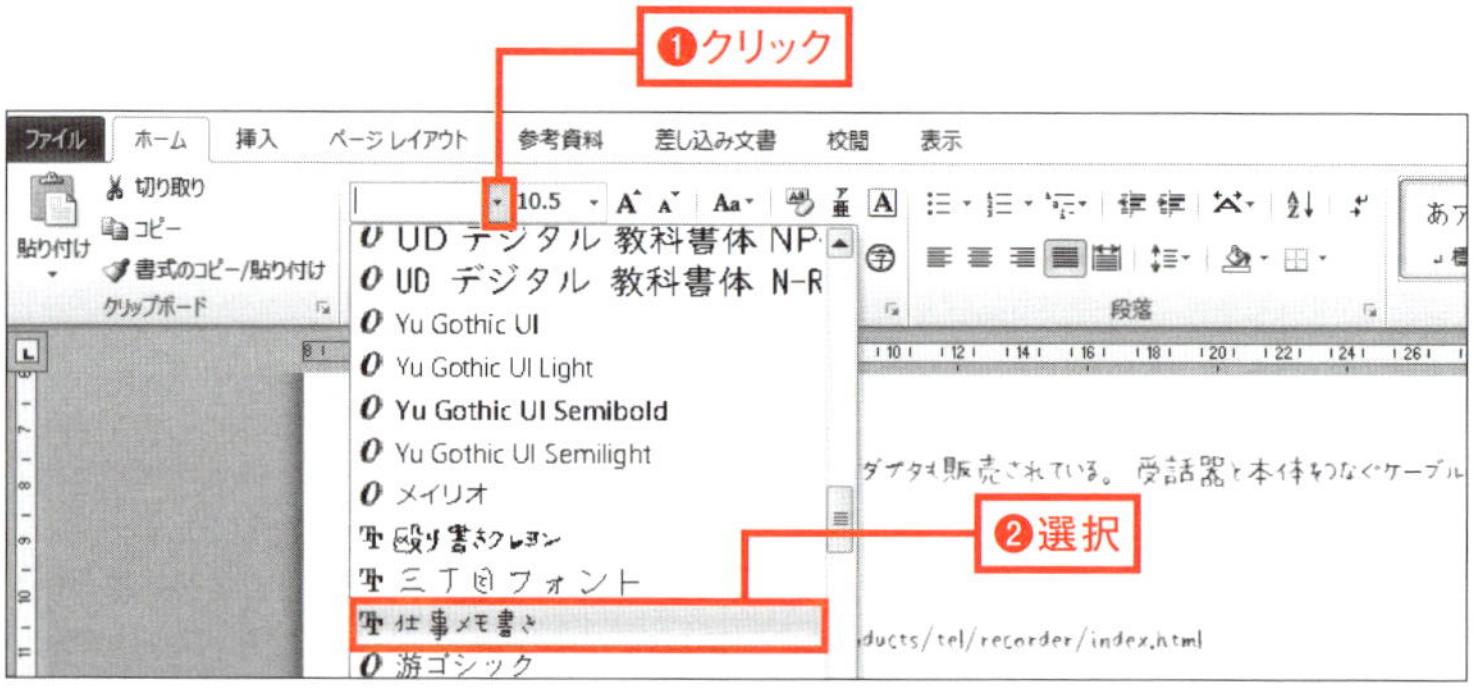

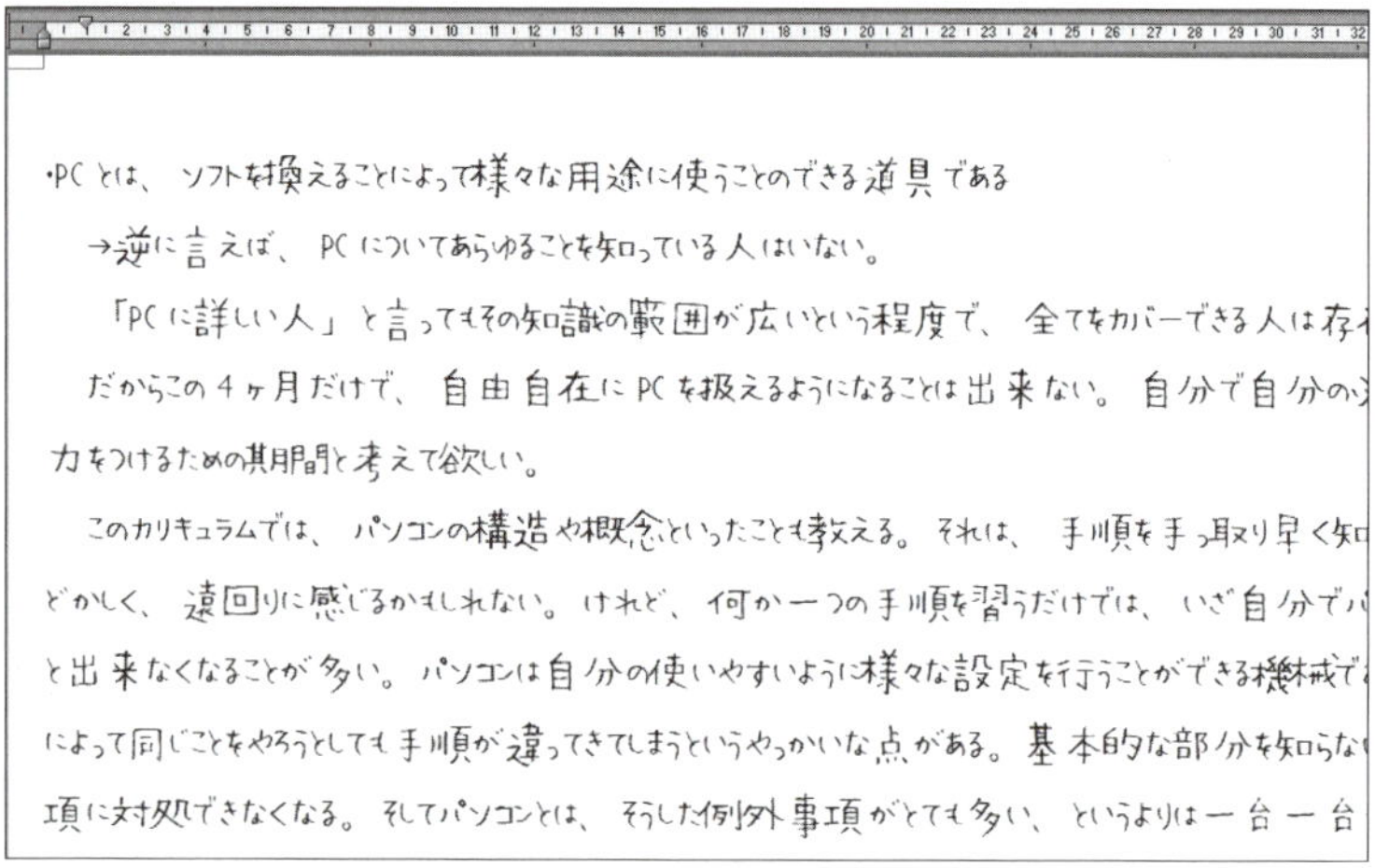

音声にしないと頭に入ってこない場合の対策

音の情報のほうが入りやすい人はもちろん、ＡＤＨＤで別の箇所やページに気を取られてしまったり、本がうまく黙読できなかったりする人には、音声化が有効な場合がある。

音読しても大丈夫な職場なら、音読をさせてもらおう。上司に相談して、休憩室など一人になれる部屋を使わせてもらっても良い。

マニュアルを持ち帰れるようなら、自宅で音読して覚えるようにしても良い。このとき録音をしておけば、あとで自分用の音声マニュアルとしても利用できる。

スマホのアプリには、文字データを読み上げてくれる機能を持つものがある。マニュアルがワードなどのデータであるなら、これらのアプリを使ってみよう。アプリが読み上げた音声をイヤホンで聴くようにすれば、周囲に迷惑をかけてしまうこともない。スマホのアプリに文字データを読み上げてもらう手順は次ページの通り。

読み上げソフトには、いろいろな種類がある。「読み上げ」で検索してみて、自分に合ったアプリを探してみよう。音声をファイルとして保存できるアプリもあるので、これを使えばあとで必要なときに聞き直すこともできる。

アイフォーンの場合は、もともと読み上げ機能がある。設定→一般→アクセシビリティ→スピーチで、「選択項目の読み上げ」「画面の読み上げ」をＯＮにしておく。あとはテキストを選択してメニューから「読み上げ」を選ぶか、読んで欲しい部分を画面に出して画面上部から二本指でスワイプしてやることによって読み上げが始まる。アンドロイドの場合と同じように、マニュアルをテキストデータでアイフォーンに送ってから読み上げさせると良いだろう。また**「VoicePaper2」**という読み上げアプリには、EvernoteやDropBoxとの連係機能もある。

紙のマニュアルしかない場合は、まずこれをテキストデータに変えてやる必要がある。必要になるのは、ＯＣＲ（文字認識）機能のついたスキャンアプリだ。

「テキストスキャナー」というアプリは、立ち上げるとカメラの画面になる。これで読ませたい文書全体を、なるべく斜めにならないように撮影する。画面の向きは、縦・横どちらでも対応している。

うまく読み込めれば、画像内の文字をテキストデータに変換してくれる。あとはこれをコピーして、「T2S」などの読み上げソフトにかければ良い。

ただ、こうしたスキャンアプリのＯＣＲ機能は、まだ発展途上だ。精度は年々上がっているもの

スマホのアプリに文字データを読み上げてもらう手順

1 まずワードのファイルをテキストデータに変える必要がある。やり方は、タブの「ファイル」から、「名前を付けて保存」を選び、「ファイルの種類」から「書式なし(*.txt)」を選択して「保存」をクリックする。

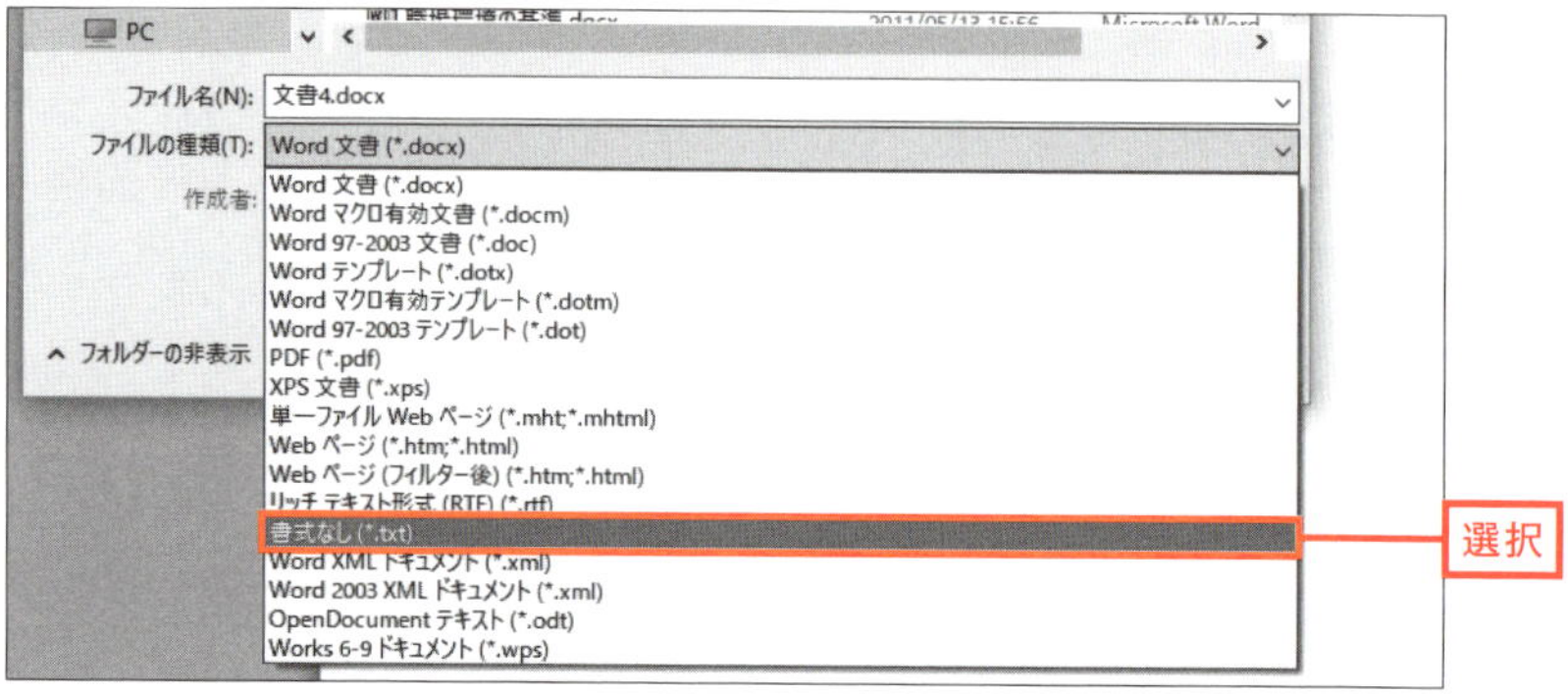

memo
画像や特殊な文字などは消えてしまうが、読み上げをさせる分には問題ない。

2 保存されたファイルを、メールやグーグルドライブなどを使ってスマホに送る。

3 読み上げアプリをインストールする。ここでは、「T2S:テキスト読み上げ」というアプリを用いている。

4 先ほどスマホに送ったテキストを開く。

5 テキストから、読み上げて欲しい部分をコピーする(❶)。文章をすべて読んで欲しい場合には、長押ししてコピーのメニューから「□」マーク→「すべて選択」(❷)をしてからコピーすれば良い。

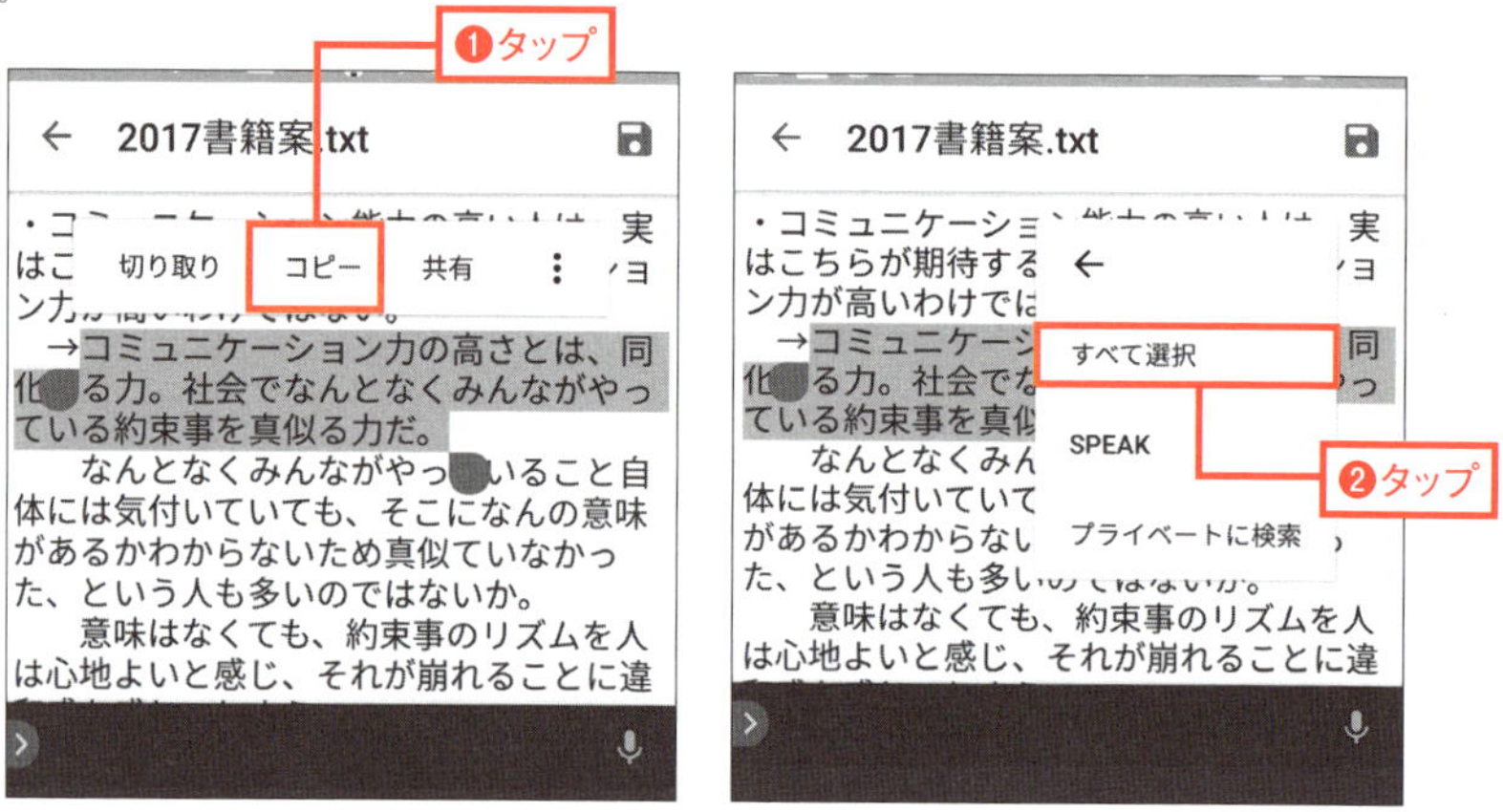

6 「T2S」を開き、中央の空白部分に先ほどコピーしたテキストを貼りつける。あとは再生ボタンをタップすれば、音声の読み上げを行ってくれる。

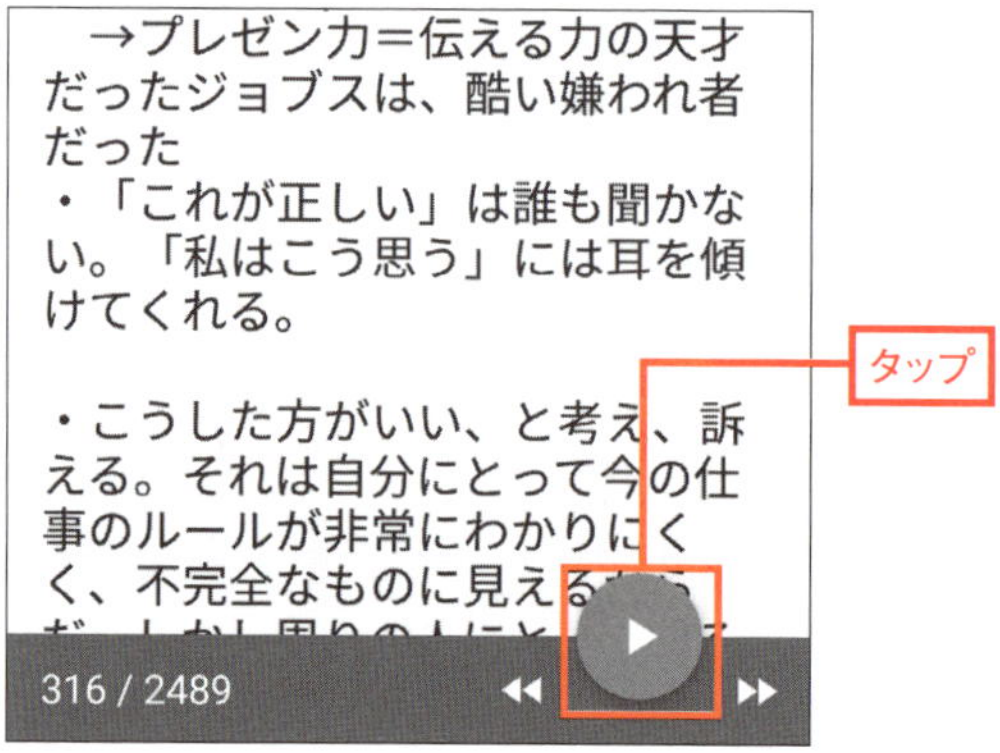

memo
右上の歯車のマークから、読み上げの速度や男声・女声などの設定も行える。自分で聞きやすい設定にしておくと良い。

の、どうしても誤読は出てしまう。手書きの文字になると、どんなにきれいな文字であっても正確に読み込むのは難しい。文書のマニュアルも手元に置いて、文字を追いながら音声を聞くような使い方をするのが良いだろう。明らかにおかしい読み方が出たら、その部分だけ確認する。

　アプリによっても精度の差はあるので、こちらも「OCR」で検索していろいろ試し、自分に合ったものを探してみよう。

　アイフォーンでは、同様の機能を備えた無料アプリとして**「CamScanner」**がある。また有料だが**「Voice4u TTS」**というアプリがある。これは、もともと障害サポート用に開発されたアプリだ。「Voice4u TTS」ではスキャン・OCR・読み上げの機能が統合されており、1つのアプリで撮影から読み上げまでこなすことができる。

マニュアルが順番に読めなかったり、集中力が続かなかったりする場合の対策

　順番にマニュアルを読んでいるつもりだったのに、いつの間にか別の場所を読んでしまっている。あるいはページにぎっしりと詰まった説明に、集中力が続かなくなってしまう。1ページの情報量が多すぎると、こうしたことが起きやすい。特に昨今では、紙のコストを気にして1ページになるべく情報を詰め込もうとする傾向がある。

　たとえば左下の画像のようなマニュアルだと、情報量もさることながら「どういう順番で読んだらいいかわからない」だろう。

　対策としては、紙をぜいたくに使ってでも**自分にとって見やすいマニュアルに改造する**ことだ。やり方は、次ページのように単純だ。

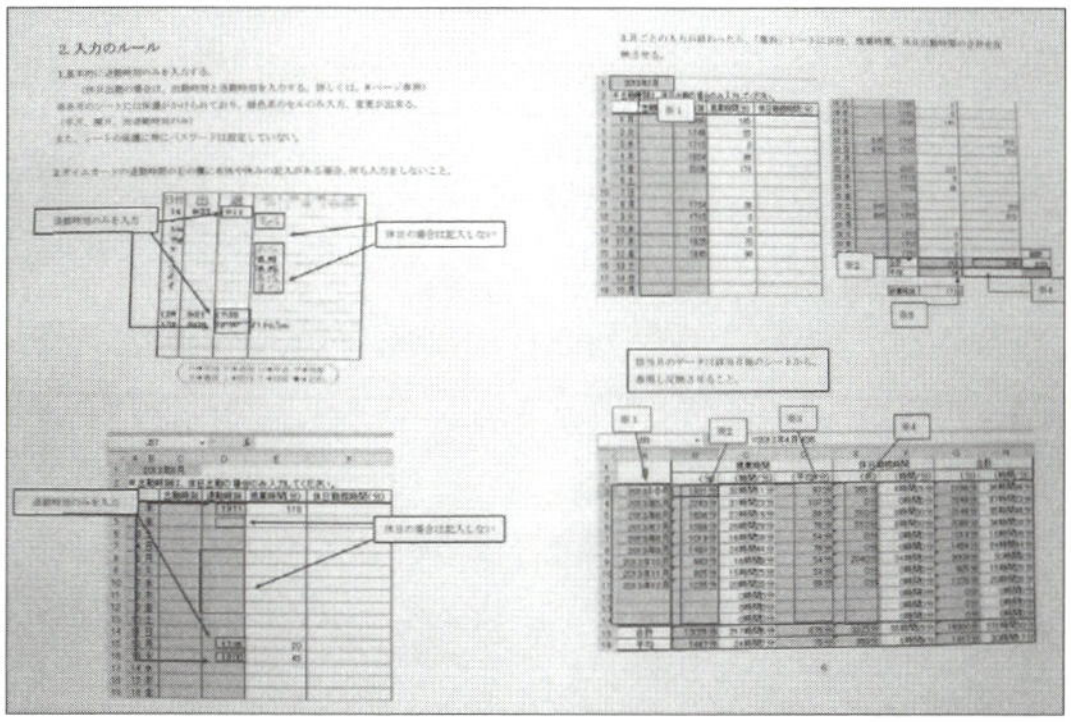

1ページの情報量が多すぎて、どの順番で読めば良いかがわからない。

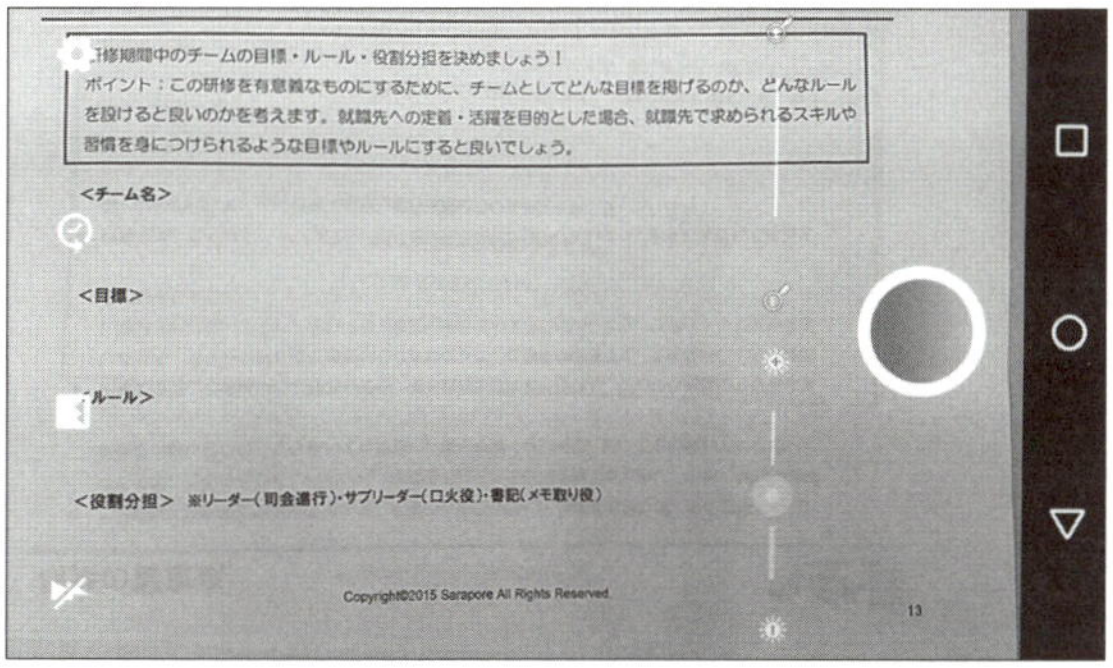

「テキストスキャナー」で文書を撮影すると、画像内の文字をテキストデータに変換してくれる。

自分用マニュアルの作り方

1 まず自分用にマニュアルを一部コピーする。このとき両面印刷になっているマニュアルなら、全部片面コピーにしておく。両面で5枚（10ページ）のマニュアルなら、片面に直して10枚になる計算だ。

2 コピーができたら、これを手順ごとにハサミで切り離す。

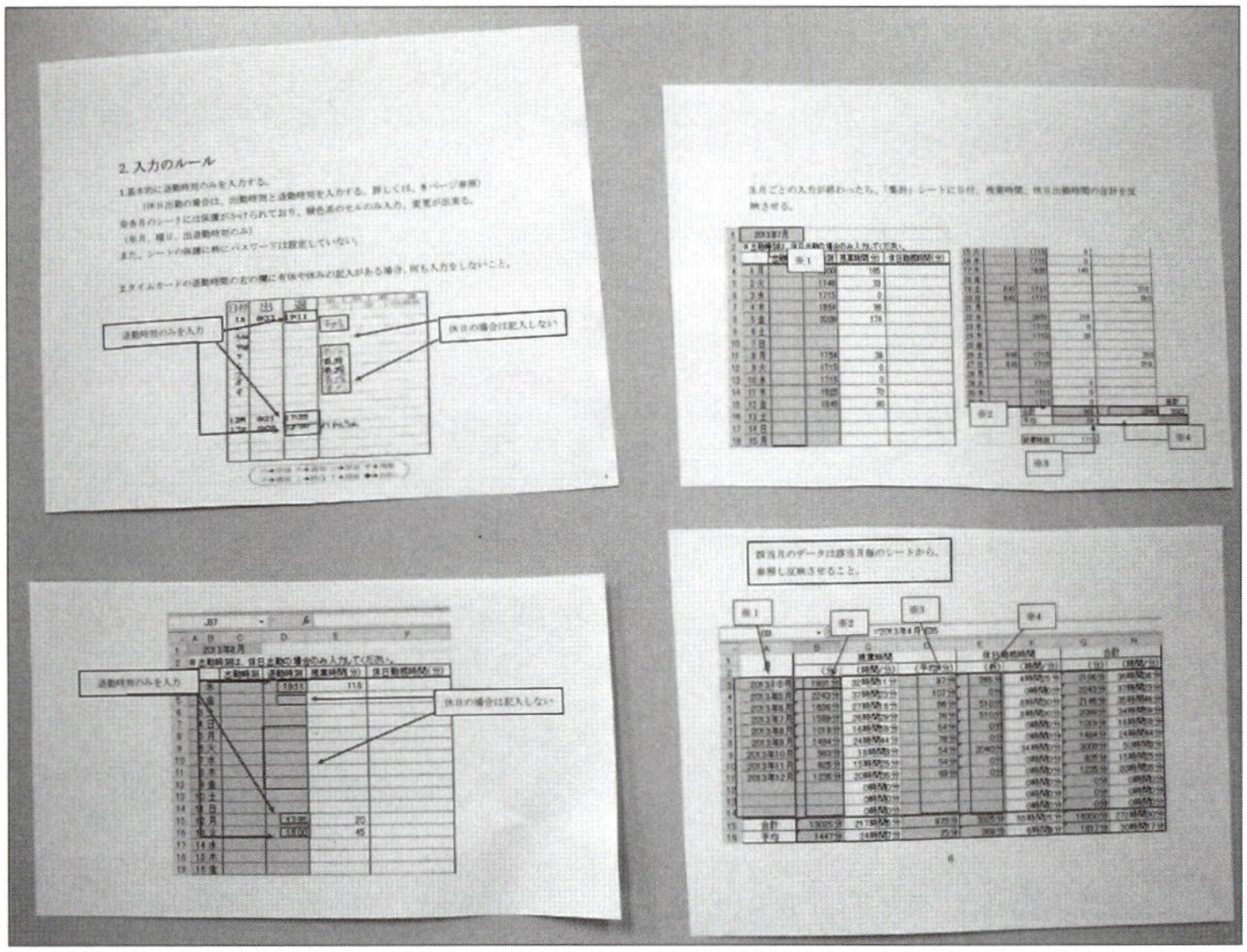

3 あとはそのまま左隅をステープラで止めてしまっても良いし、別の用紙に1枚ずつ貼りつけても良い。1ページごとの情報量を少なくすることで別の箇所に視線が散ってしまったり、集中力を奪われてしまったりするのを防ぐことができる。編集するときに、順番を間違えないようにしよう。

memo
ワードのデータがあってパソコンを使える環境であれば、データをコピーさせてもらって自分用に編集し直しても良い。

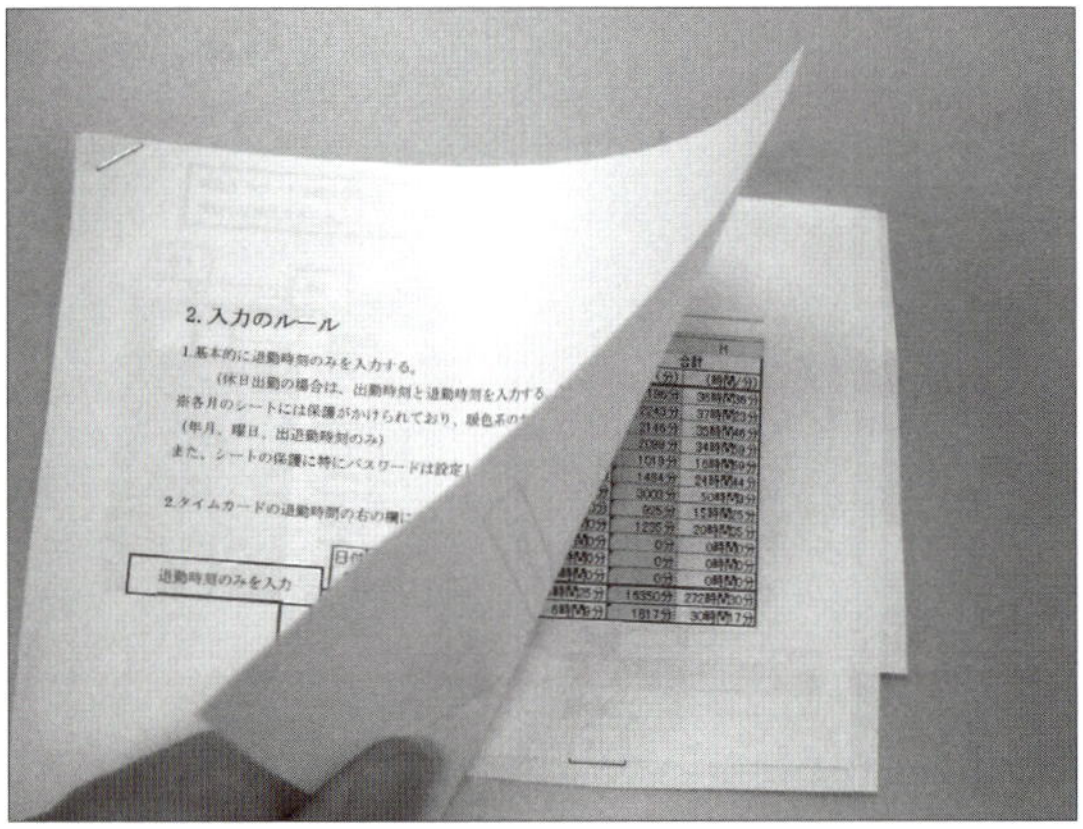

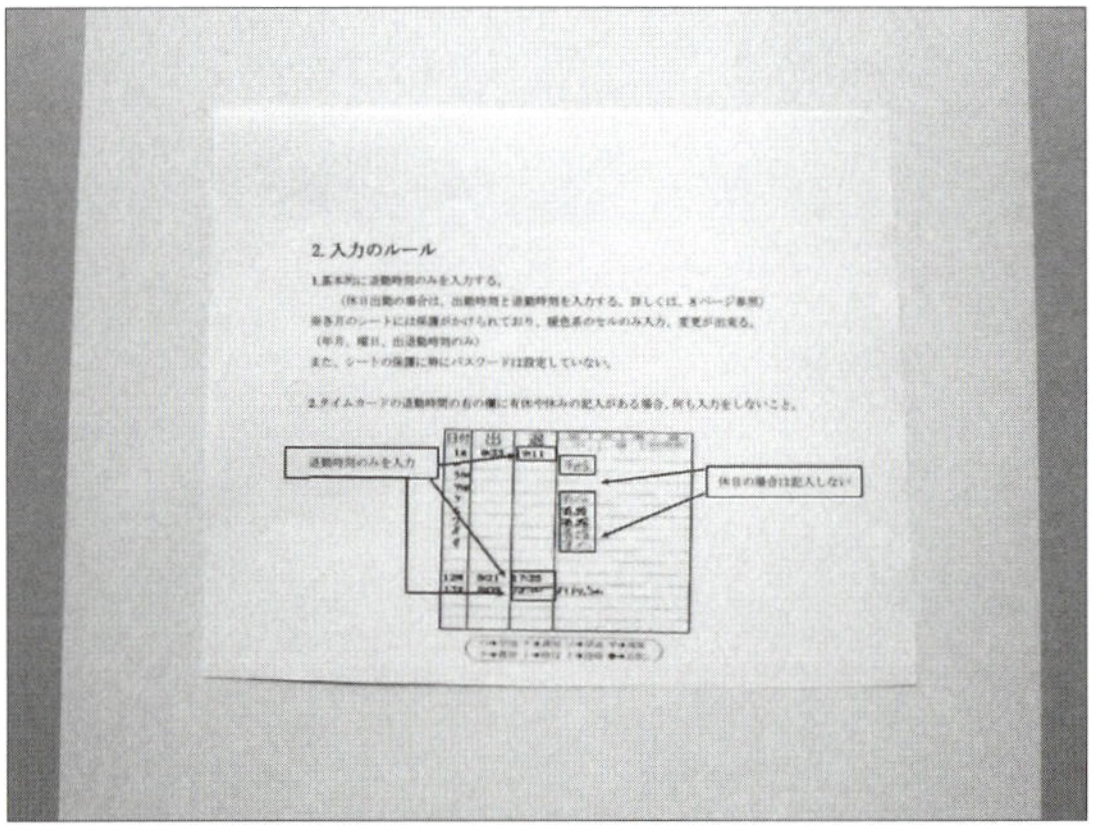

第3章

コミュニケーションのビジネスマナーがわからない

社会人としてのマナー

他社の人とのあいさつや名刺交換といったビジネスマナーは、自分だけでなく会社の利益やイメージと直接つながる。あらかじめ流れを知っておけば、練習もできるし先輩から学ぶときのポイントもつかみやすくなる。

あいさつをしたいが、タイミングやルールがわからない

対策

- あいさつ選びのパターンを覚える
- 同僚以外の人に使うあいさつの違いを覚える

事例

あいさつの種類が多すぎてどれを選べば良いのかわからない

あいさつはしなければいけないといつも思っているけれど、どのタイミングですればいいのか、どんなあいさつをすればいいのか、いつも迷ってしまう。

昔、勇気を出して同僚に「こんにちは」とあいさつして怪訝《けげん》な顔をされたのがトラウマになり、ますます言葉が出てこない。

原因

日本語のあいさつの複雑なルール

ASDにはコミュニケーションの苦手や、**経験から無意識に学んでいく内容に偏りがある**といった特徴がある。

苦手なことから生じる経験不足に加えて、学習内容の偏りもあいまって、**暗黙の了解や明文化されないルールというものを知る機会がとても少ない**。

そのうえ、日本語のあいさつや敬語には、この暗黙の了解やルールが多い。体系化して教えてもらえる機会がないと、ルールの内容どころか存在も知らないまま社会に出て、失敗体験につながってしまう。

一方でADHDの場合は、その衝動性から**マナーやルール通りに行動できない**場合がある。あいさつもなくいきなり本題に入ってしまうなど手順を踏まないで行動してしまい、それが修正されないままでいると自分の手順として固定されてしまう。

解決法

あいさつ選びのパターンを覚えよう

基本的に同僚とだけ接する職場なら、パターンで対応できる

最終的にはあいさつのルールを覚えていったほうが良いのは確かだが、**基本的なやりとりを覚えておけば、取りあえずの対応はできる。**

ここでは、同じ職場の同僚や上司へのあいさつの仕方を覚えておこう（次ページ参照）。同僚といってもこの場合、派遣・常駐・フリーなど社外の所属であっても一緒に仕事をしている人はすべて含まれるものとする。

同僚以外とも接する仕事なら、使うあいさつの違いを覚える

日本のあいさつや敬語には、**「身内のルール」**がある。あいさつなら、身内とそれ以外とで使うあいさつが異なってくる。

これを職場で適用すると、同僚や上司といった社内向けのあいさつと、来客や他社など社外の人向

使う相手別あいさつの種類

	あいさつの種類	同僚・上司	社外の人
A（両方）	おはようございます	○	○
	よろしくお願いします	○	○
	失礼します	○	○
B（社内）	ただいま戻りました	○	×
	お帰りなさい	○	×
	お疲れ様です	○	×
C（社外）	お世話になっております	×	○
	こんにちは	×	○
	こんばんは	×	○

同僚や上司へのあいさつの仕方

出社したら

出社したら元気にあいさつする

頻繁に顔を合わせる同僚

同じ部屋などで頻繁に顔を合わせる同僚であれば、2回目以降は会釈で良い

帰るとき

帰りは「お先に失礼します」。全体に向けて言ったあとでも、個別に同僚とすれ違う場合にはその都度「お先に失礼します」とあいさつする

午前中

出社して午前中は、1回目に会う人へのあいさつは「おはようございます」。入室の際のあいさつとは別に、顔を合わせたら一人一人に言う。午後シフトや夜勤などで出社したばかりの人でも、「おはようございます」と言う

頻繁に会わない相手

そう頻繁に会わない相手であれば、2回目は「お疲れ様です」。3回目以降は会釈だけで良い

帰る人に

帰る人には「お疲れ様でした」とあいさつする

けのあいさつの違いということになる。

よく使われるあいさつを、使う相手別に分類した表を91ページに挙げておく。

表でAに分類したものは社内・社外に関係なく使うあいさつ、Bは社内向けのあいさつ、Cは社外向けのあいさつと考えることができる。それぞれ、相手別に使っても良い（○）か、基本的に使わない（×）かも記しておいた。

また、ここでも派遣や常駐・フリーといった、社外の所属でも一緒に仕事をしている人は「同僚」に含めて考えることとする。

これ以外のあいさつについても、A・B・Cいずれに入るのか分類する癖をつけておけば、使い間違いも少なくなるだろう。

社外の人向けのあいさつを使うタイミング

お世話になっております	・はじめてお会いして、名刺交換をするとき ・受付で到着を告げるとき（受付電話も含む） ・メールや電話で連絡を取るとき
おはようございます こんにちは こんばんは	一度以上会ったことのある相手と、顔を合わせてその日最初のあいさつをするとき。「よろしくお願いいたします」などと組み合わせる場合が多い 例「おはようございます。今日はよろしくお願いいたします」
ご無沙汰しております	・一度以上あったことがあるが、前回顔を合わせてから3カ月以上経っている相手と最初のあいさつをするとき ・3カ月以上連絡を取っていない相手に、メールや電話をするとき
ありがとうございました	・商談が終わったとき ・先方から電話で連絡をいただいて、話を終えるとき
失礼いたします	・別れるとき ・電話を切る前

他社を訪問するときの決まりがわからない

対策

○事前の準備・確認事項をしっかりしておく

事例

訪問者の所属部署がわからず遅刻する羽目に

　今日はお得意先の企業への訪問。これまでは先輩のあとをついていくだけだったが、今回ははじめての一人での訪問だ。

　目的地である社名ロゴの入ったドアを開くと、受付に人の姿はなく電話が1台あるだけ。電話の横には、営業部、総務部などの部署名と3桁の番号が並んだ表が貼られている。多分、この電話で呼び出しをするということなんだろう。

　受話器を取り上げて、そこで動きが止まる。はて、○○さんの所属はどこだろう？

　慌てて外に出て、自社の先輩に電話。

「すみません、○○さんってどこの部署の人でしたっけ？」

「ええ？　この前名刺いただいただろ。営業部の営業2課だよ！」

「あ、すみません。名刺を置いてきちゃって……」

「ていうか、もう約束の時間だろ。相手を待たせちゃってるよ、早く！」

　慌てて戻って受付を済ませるも、約束の時刻から10分の遅刻。相手はにこやかに対応してくれたが、「心配してました」と言われてしまった。

原因

経験だけではルールやマナーが学びにくい

　現在では、仕事のマナーや基本的な流れなどは新人研修で教えるという会社も多くなっている。一方で、まだこうした教育に力を入れる余裕のない企業も多い。さらに中途採用になると、こうしたマナーや流れも「知っていて当然」という扱いで、まったく教えてもらえない場合もある。新卒での就職を逃して、中途採用でようやく仕事に就いたものの、マナーも仕事もわからないまま失敗を繰り返してしまう……というのもあり得る話なのだ。

特にASDがあると、**他者の仕事の流れやマナーを盗み見て学ぶことが苦手**である。会社が先輩の下につけて何かの仕事をやらせるときには、先輩の仕事を見たり指示を受けたりして仕事の流れをつかんでもらいたい、という意味が強い。これは、他社訪問で先輩のお供をするといった場合も同じだ。議事録係などといった仕事はあっても、メインの目的は勉強だ。

しかしASDを持つ人の場合、**自分の興味が向くもの以外には無頓着になりがち**だ。せっかく先輩に同行して勉強の機会を得ていても、流れやマナーなどに意識が向かなければ何も学べないまま終わってしまう。結果、一人で訪問するときになって流れがわからないことに気づく。あるいはルールやマナーの存在自体知らなかったり、知っていても重要とは思わずに無視してしまい、失礼を働いてしまうのだ。

意識してルールやマナーを学ぼうとしていても、実地ではポイントを補足してもらったり、細かい誤りを修正したりはしてもらえな

Column

それでも解決できない人に

自分の工夫や努力によって環境に対応できるかどうかは、障害の重さも関わってはくるが、それ以上に自分の傾向と環境とがどれだけすれ違いを起こしてしまっているかに関係している。努力や工夫で解決できない場合には、環境を変えたり支援に頼ったりする考えも必要だ。

発達障害は、努力不足や精神力の弱さが原因の障害ではない。ただ周りからは見えにくい障害である上に、結果として表れる失敗や課題の1つひとつは「誰にでもあること」だったり、「性格の問題」とも見られたりすることであるために、極めて理解を得られにくい。

しかし、発達障害が原因で社会での生きにくさを感じているなら、決して一人で抱え続ける必要はない。自分の工夫や努力だけでは限界を感じたら、今はサポートやアドバイスを求められる場所がいくつかある。

発達障害をサポートする体制はまだ万全とはいかないが、その存在が知られるようになってから徐々に整備がされるようになってきた。必要があれば、それらを有効に活用していきたい。

公的なサービスを使うことに躊躇《ちゅうちょ》してしまう人もいるが、正しく使われるのであれば何も遠慮することはない。あなたの困りごとが解決して、困る人などいないのだから。

い。何がポイントなのかがわからないまま「わかったつもり」になってしまい、知識不足や誤解を抱えたままということもある。

　ADHDの場合は時間処理の問題から、**遅刻が多くなる**ことが一番問題視される。また**不注意による忘れ物**や、**事前の情報確認の抜け漏れ**もありがちだ。段取りをつけることへの苦手から、うまく準備やアポ取りができないことも失敗の原因となりやすい。

解決法 出かける前の準備が重要

　他社を訪問する際には、事前の準備が重要だ。持参する書類や商品はもちろんだが、訪問先の住所や交通ルート、訪問相手の情報なども事前にまとめておきたい。

　訪問の際のマナーや約束事については、とにかく覚えるしかない。ここでは、最低限知っておくべき約束事・マナーについて説明しよう。

　また、訪問時に事前に準備・確認しておくべき事項についても紹介しておく。

事前の準備・確認事項

　外出する前には、必ず次のことを確認しておこう。

●日時
　訪問の日時に間違いがないか、もう一度確認する。

●相手先に持っていく資料やデータがそろっているか
　慌てて印刷してページがそろっていなかったり、パソコンを持っていったのにデータを入れ忘れていたりといった基本的なミスを防ぐため、必ず確認を行おう。紙の資料は、種類別に封筒やクリアファイルで分けておくと良い。

●名刺、メモ帳、ペンなどがそろっているか
　名刺入れだけでなく、中にきちんと名刺が入っているかどうかもチェックする。

　ボールペンは、その場になってインクが出なかったりすると焦ってしまう。試し書きをしておくとともに、予備も持っておくと良い。

　インクを詰まらせて肝心なときに書けないことがよくある人は、筆圧が強いのかもしれない。そういう人には、水性やゲルインキのボールペンをお勧めする。

　外出時には、ペンは常に1本、胸ポケットに挿しておく。2本以上挿しておくのは、身だしなみとしては良くない。予備のペンは内ポケットに挿しておくか、かばんの中に常備しておこう。

外出前の確認事項

日時

資料やデータが
そろっているか

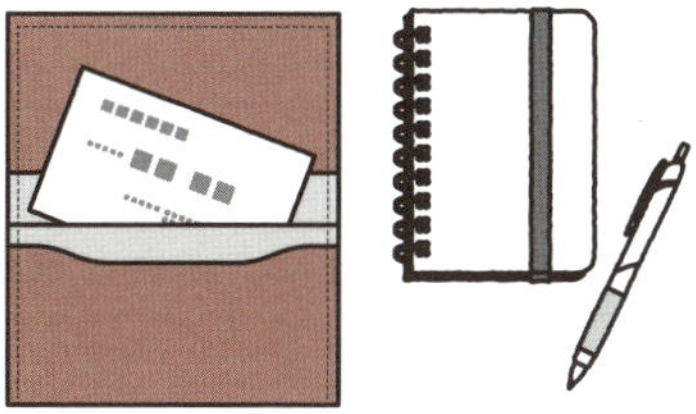

名刺、メモ帳、ペン

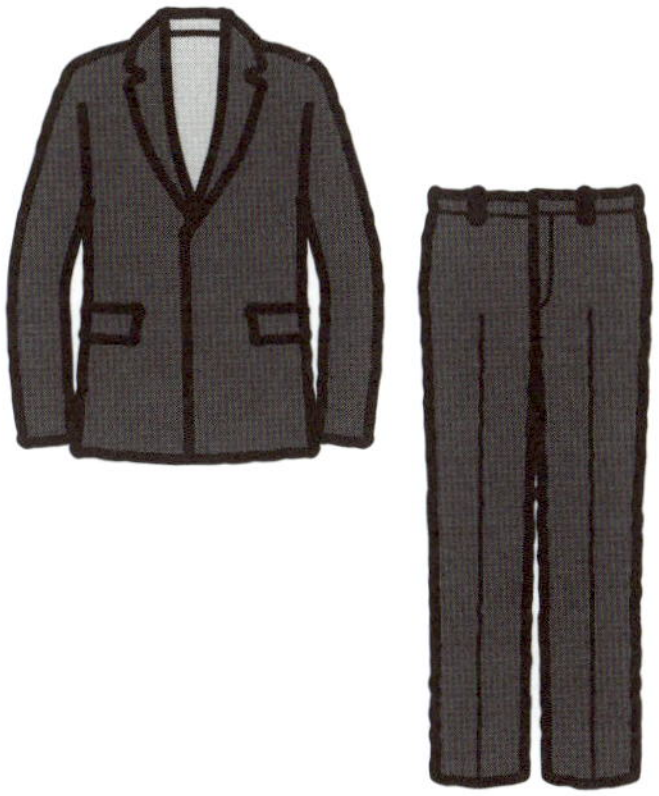

身だしなみ

住所と交通手段

移動時間

訪問する担当者の情報

●身だしなみをチェックする

出発前に、もう一度身だしなみをチェックしておく。30ページの「身だしなみのチェックポイント」を参照して欲しい。

●訪問先の住所、交通手段

スマホや携帯に頼っても良いが、肝心な場面で通信が重い、バッテリーが切れたといった事態も考えられる。地図と交通手段をプリントアウトして持っておくのが一番確実だ。

また訪問先についても本社なのか、支社や別の事業所なのかを間違いのないように確認しておく。

●訪問する担当者の情報

訪問時には会社名だけでなく、会いに行く担当者の名前、部署名、電話番号も調べて控えておこう。担当者の部署名と名前は、受付で呼び出してもらうときに必要な情報となる。電話番号を確認しておくのは、電車遅延など不慮の事態で遅刻したり、行けなくなったりしたときに連絡を行うためだ。既に名刺交換を行っている相手であれば、その名刺を名刺入れに入れておくと手っ取り早い。

●徒歩の時間も含めて移動時間を調べておき、出発時刻を逆算する

グーグルマップを使うと、徒歩の時間も含めてだいたいの移動時間を割り出すことができる。これにプラス20〜30分くらいの余裕を見て、出発時刻を出しておこう。

たとえばグーグルマップで調べて30分かかると出たら、プラス20分で待ち合わせ時間の50分前には出発したい。

グーグルマップの基本的な使い方は、次ページの通りだ。

電車の本数が少ない地域の場合には、もう少し細かく調べておこう。まずグーグルマップで、目的地の最寄り駅から目的地までの徒歩による時間を調べる。駅から目的地まで15分かかるとしたら、プラス20分程度の余裕を見て到着時間を決める。9時30分の約束とすれば、15分プラス20分で8時55分に最寄り駅に到着するように、乗換案内で検索する。

スマホや携帯があると「現地で調べればいいや」という考えも浮かびがちだが、外出先では意外なトラブルも起こり得る。あらかじめ調べられることをまとめておけば移動時間は気持ちの切替えに使えるし、トラブルにも余裕を持って対処ができるだろう。

外出時には、**事前に必要な情報を1枚にまとめ、これをポケットに入れて持っておく**と良い。訪問先の地図や交通経路をプリントアウトしたものに、手書きで必要な情報を書き込んでおくのが一番手軽だ。

102ページに、外出チェックシー

グーグルマップの基本的な使い方

1 グーグルマップ（https://www.google.co.jp/maps）から、図のマークをクリックする。

2 図の場所に出発地（❶）と目的地（❷）を入力する。例では場所の名前を入れているが、住所でも可能だ。例のようにいくつか候補地が出る場合には、その中から目的の場所を選択する（❸）。

3 目的地までのルートの候補が表示される。

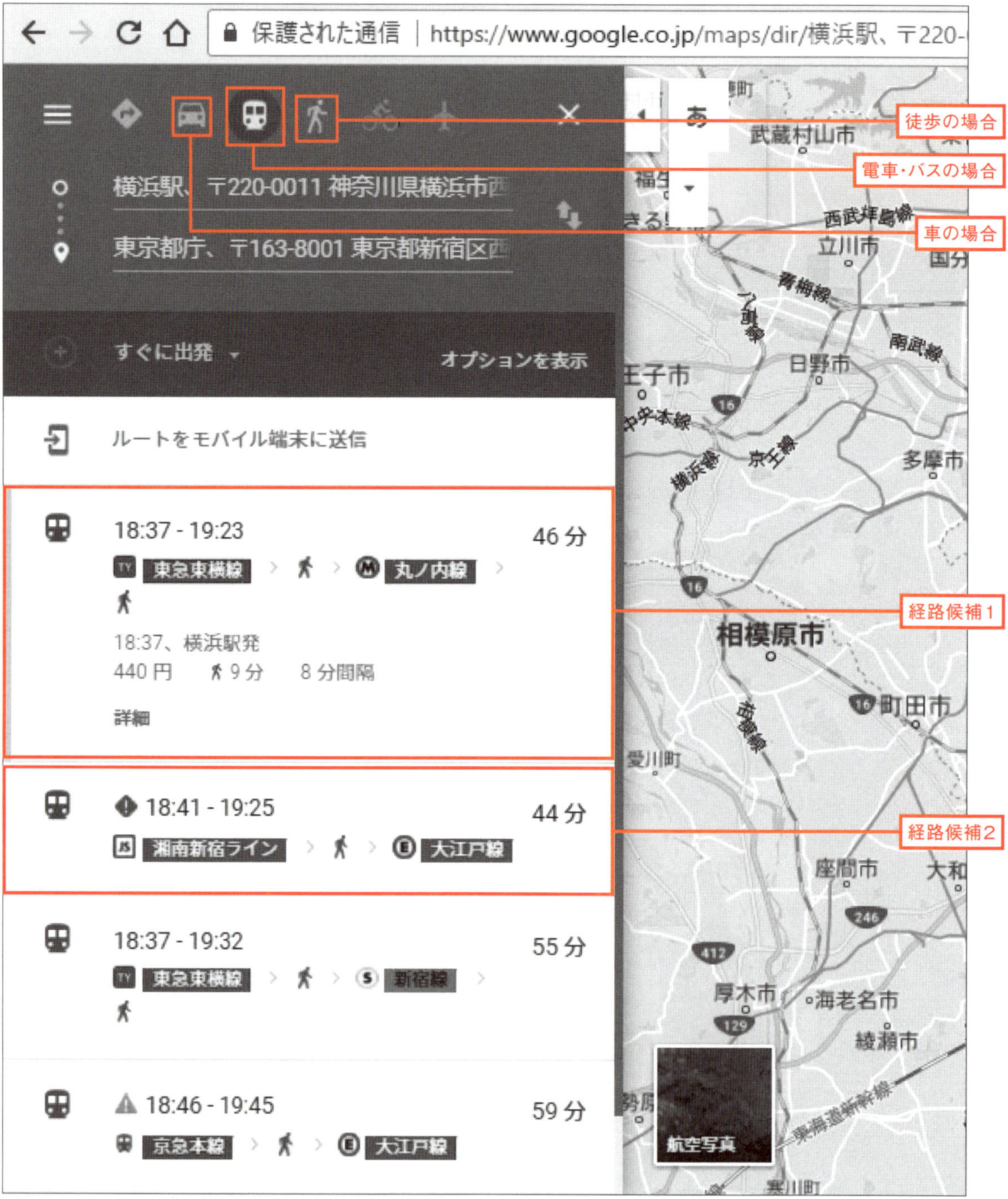

トの記載例を挙げておいた。フォーマットはホームページからもダウンロードできるので（14ページ参照）、活用して欲しい。

訪問前のマナー・約束事

訪問先が相手の会社や店舗である場合には、受付の前に次のチェックを行う。

●コートなどは玄関前で脱ぎ、内側が表に出るように畳んで片手にかけておく

内側を表にするのは、外のホコリを室内にまき散らかさないという意味である。実際の効果よりも、そうした気持ちを表現するためのマナーといえる。

●かばんは手持ちできるタイプなら手持ちする

男性の場合は、まず手持ちできるビジネスバッグを選ぶ。2ウェイや3ウェイのバッグで日常は肩にかけたり、背負ったりしても良いが、他社へ訪問する際には手に持つようにしよう。肩かけ用のベルトも、外せるタイプであれば外しておく。トートタイプのバッグでも、男性の場合は手持ちする。

女性で、肩かけのみのバッグの場合はかけたままで良いが、たすきがけ（斜めがけ）は避けて右肩か左肩にかけておこう。トートタイプであれば、腕にかけておく。

●雨具は、折り畳み傘にしておくと扱いに困らない

雨具は、折り畳み傘をいつもビニール袋に入れてかばんの中にしまっておけば、使ったあとも袋に入れてかばんにしまっておける。水が漏れないタイプの傘カバーも商品として出ており、日常これに折り畳み傘を入れて携帯しておけば便利だ。「傘カバー」で検索してみて欲しい。

長い傘を使った場合は、素直に訪問先の方に傘の置き場を尋ねるほうが良い。傘入れのビニール袋や、水を払うような設備があれば必ず使うようにしよう。ずぶ濡れのままの傘を持ち込んで、会議室の床を濡らしてしまうようなことはないようにしたい。

●携帯はマナーモードにしておく

会話中に着信が入るといけないので、携帯・スマホは必ずマナーモードにしておく。

●最後に簡単に身だしなみをチェック

ジャケットのホコリやフケ、ワイシャツのはみ出しなどをもう一度チェックする。また靴に泥汚れなどがないかをチェックし、もしあればティッシュで拭っておく。

外出チェックシートの記載例

約束の日時：　3　月　7　日（ 水 ）10　時　00　分（10分前到着！）

目的地

社名：――

住所：東京都新宿区西新宿　（最寄り駅：都庁前駅）

建物名：東京都庁　（　2　階）

地図は図のように切り貼りしても良いが、別に印刷してステープラでとめておくほうが簡単

地図・経路

■新百合ヶ丘　5・6番線発

｜　小田急線準急(新宿行)

｜　08:40-09:15

｜　308円

◇新宿　7番線発 [9分待ち]

｜　都営大江戸線都庁前経由(光が丘行)

｜　09:24-09:26

｜　174円

■都庁前　4番線着

乗換案内を調べて、交通経路を調べておく。「ジョルダン」は検索結果をテキスト化できるので、貼りつけに便利

相手の情報

社名：株式会社○△×　部署：技術開発部

お名前：犬山さん　電話：

持ち物：

☑　見積書

☐

☐

☑　名刺

☑　メモ帳

☑　筆記用具

☑　スケジュール帳

☑　携帯電話

チェック項目：

☑　髪の乱れはないか

☑　ひげ、鼻毛は伸びていないか

☑　ジャケットにフケなどがついていないか

☑　靴は汚れていないか

☑　爪は伸びていないか

☑　同僚に出かけることを伝えているか

出発予定時刻：

※出発地から最寄り駅まで約　15　分、到着駅から目的地まで　3　分＋余裕20分

8　時　15　分出発予定

受付から入室・着席までの手順

アポイントを取って他社を訪問する場合、まず受付で担当者の方を呼び出してもらうことになる。受付は会社によって人がいたり、電話が置かれているだけだったりするが、どちらの場合も基本は同じだ。受付から着席までは、次のような手順になる。

①会社の総合受付、あるいは受付電話で「お世話になっております。〇〇社の□□です。営業部の××様に、10時からお時間いただいております」と伝える

・あいさつ→自分の社名と名前→用件（訪問先の名前）の順

・はじめのあいさつは、「お世話になっております」

・用件は基本的に呼び出して欲しい相手の部署名・名前を伝え、約束の時刻を伝える

・たとえば、「午後のいつでもいい」などと言われていて、時間をはっきり決めた訪問でない場合は、「営業部の××様に、〇〇の件でお約束いただいております」と伝える

・用件、時間はわかっているが担当者の名前がわからない場合は、「〇〇の件で、ご担当者に10時からお時間いただいております」と伝える

②呼び出した相手が来るまで、壁際など邪魔にならない場所に立って待つ。「お座りになってお待ちください」と伝えられた場合には、置かれた椅子に座っていても良い

荷物なども基本的には持ったままだが、どうしても重い場合には床に置かせてもらっても良い（テーブルや椅子の上はNG）。ただし、床に広がってしまうような荷物を置くのは避ける。かばんなども、立たせて置く。

受付の方が、そのまま部屋まで案内してくれる場合もある。この場合は、先導する相手の後ろに2mくらいの距離を取って、案内に従おう。促されない限りは、自分から横に並んだり追い越したりしてはいけない。

部屋に通され、特に席の指定なく「こちらでお待ちください」と言われた場合は、入口側手前の席に座る。「奥へどうぞ」など、席を指定された場合にはこれに従う。座って待つ場合には、この間に資料やメモ帳、ペン、名刺入れなどの必要なものはかばんから取り出しておく。

③呼び出した相手が来るのが見えたら、（座っていても）立って迎える。受付付近で待っていた場合、荷物を床に置いていたら持ち直そう。ロビーなど広い場所

の場合は、相手が来るのを待つばかりでなくこちらからも歩いて近づく

案内された部屋で待っていた場合も、立って迎えるのは同じだ。ただし、この際には、床に置いた荷物は持ち直さなくても良い。

はじめてお会いする相手の場合は、「〇〇社の□□です。よろしくお願いいたします」とあいさつする。はじめてではない場合は、「お時間いただきありがとうございます」と伝えれば良い。

ここで相手が名刺を取り出すようなら、その場で自分も名刺入れを出し名刺交換を行う（名刺交換の手順については、「名刺交換のやり方がわからない」の項目を参照）。

④部屋に案内されたら、自席の脇に荷物を置く。席を選ぶ基準は②を参照

かばんは自席の横の床に立てて置く。コートは小さく畳んで、座ったときにお尻の後ろにくる位置に入れておく。手土産などで食べ物・飲み物を持参した場合には、床には置かず袋から出してテーブルの上に置いておく。

荷物を置いたら、担当者の方へ名刺交換をお願いする。１ｍ半ほど距離を置いて、名刺入れを取り出せば意図を察してもらえる。

※着席時の注意点は、次の通り

- テーブルの上やひじ掛けには、ひじをつかない
- 椅子の真ん中あたりに腰を下ろし、背もたれから体を離して背筋を伸ばす。上体は、意識的にやや前かがみくらいと考える
- 手の置き場に迷った場合には、ひざやももの上に置こう。頻繁に手を組み直したり、手遊びをしていたりすると相手が話に集中することを邪魔してしまう。話をするときのボディランゲージであればＯＫだが、何が手遊びで何がボディランゲージなのかよくわからないのなら動かさないほうが良い
- ひざは男性なら、肩幅くらいに開く。女性の場合は、閉じておく。足は平行に床につけ、そのまま動かさないこと。かかとやつま先を浮かせたり、足を組んだりはＮＧ

訪問時に特に気をつけたい点

マナーが重要になる会話時には、ＡＳＤやＡＤＨＤそれぞれ特有の癖がマナー違反になってしまう場合がある。これらは一般的なマナー教本には載らないし、会社の研修でも想定されていないため本番で失敗しやすい。あらかじめ自分に出やすい癖をチェックしておくことで、これをセーブしやすいようにしておこう。

訪問先に到着したらチェックすべきこと

コートは脱いで片手にかける

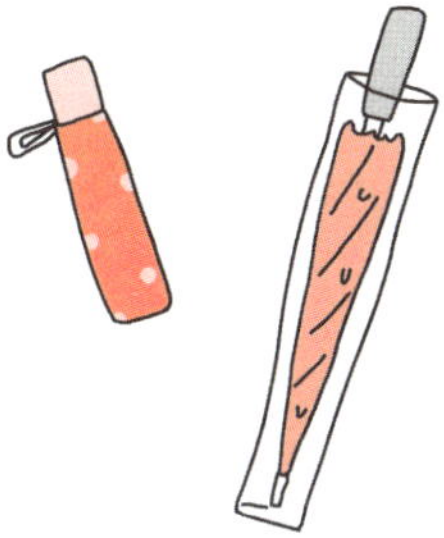

傘の水滴が落ちないようにする

携帯はマナーモードに

かばんは手持ちに

最後に簡単に身だしなみをチェックする

受付から着席までの手順

1

受付で「あいさつ」「社名と名前」
「用件」を伝える

2

邪魔にならない場所で待つ

3

相手が来たら立って迎える

4

荷物は自席の脇に置く

●体を揺らしたり頻繁に姿勢を変えたりせず、背筋を伸ばして座る

理由はわからないがＡＳＤを持つ人は体幹が弱い人が多く、体勢が落ち着かずに体が揺れてしまったり、頻繁に座り直して姿勢を変えたりしてしまうことがある。これは相手に落ち着かない印象を与えてしまうので、意識して背筋を伸ばすようにしよう。

同じ理由で机やひじ掛けにひじをついてしまうことも多いが、これも失礼になる。

太ももに手を置くことで体を支える、あるいはメモを取るためにテーブルの上に置いた腕で支えるなど、失礼にならないよう自然に体を支えられる姿勢を練習しておきたい。

●会話中は、顔や頭、体をかいたり触ったりすることは我慢

これも理由はわからないが、ＡＳＤを抱える人はアトピーやアレルギーを持っていることが多い。体をかきむしったり、頻繁に自分の顔に触れたりすることは、やはり相手に落ち着かない印象を与えてしまう。かゆみが出やすい箇所は、あらかじめ保湿液や薬などを塗って対処しておこう。

●貧乏ゆすり、手遊びは避ける

ＡＤＨＤの場合に多く出てしまうのが、貧乏ゆすりや手遊びだ。本人にとっては集中するのに有効であっても、話し相手にとっては逆に集中を妨げるものになってしまう。「座っているとき足の裏はしっかり床につける」と意識すると、貧乏ゆすりは出にくくなる。利き手はペンを握り、逆の手はメモ帳のページを押さえる姿勢をまず作ってしまうと良いだろう。メモを取るような状況でない場合は、手はひざの上に置いておく。

●かばんがいっぱいの人は、訪問用のかばんを用意する

かばんにさまざまなものが入っていて常にいっぱいというタイプの人は、職場に訪問用のかばんを別に用意しておいても良い。床置きして自立するタイプのビジネスバッグであれば、安物で構わない。訪問の際に持参する書類などもこのかばんに入れておけば、他の荷物につぶされて曲がってしまったり、探しにくくなったりする心配もない。また常用のものとは別に、名刺入れ・筆記用具・メモ帳を用意して、入れておくと良いだろう。それ以外のものは、このかばんには一切入れない。

この方法を使う場合は直行・直帰は避け、訪問用のかばんは必ず職場に戻すようにする。自宅に持ち帰ったりすれば、そのまま別の用途に用いられて訪問用としての機能を失っていってしまう危険がある。

名刺交換のやり方がわからない

対策

○所作・約束事を知っておけば対応できる

事例　自分ではうまく名刺交換ができたと思ったのに……

会社に入って、はじめての他社訪問。といっても先輩のお供で、自分はあいさつと自己紹介だけの予定。お得意様への、新人の顔見せといったところだろう。とはいえ会社の看板を背負っての訪問、はじめての名刺交換でどうしても緊張してしまう。

先方の担当者二人が来たところへ、手前の人に即座に名刺を差し出して「はじめまして！　○○社の△△です！」と自己紹介。すると相手は微妙な笑顔をして、「あ、はい。ちょっとお待ちください」と名刺入れを取り出して、あいさつを返してくれた。

初の名刺交換、無事成功か……と思いきや帰り道、「お前な、新人なんだから名刺を出すのは俺のあとだろ。それに、何で若い担当さんに先にあいさつするんだよ。普通上司が先だろ。部長さんだぞ、あの人」と先輩に叱られてしまった。そんなの、誰も教えてくれなかったんだけど……。

原因　所作だけでなく、約束事も多い名刺交換

名刺交換の作法は、ビジネスマナーの本などには必ず載っているもののひとつだ。会社に入ってからも、新卒入社であれば研修などで習う機会があるかもしれない。しかし中途入社や派遣などでは、そうしたチャンスもないまま仕事に入ってしまう場合がある。これは別に発達障害とは関係なく、誰にでもあり得ることだ。

しかしASDがあると、**とっさに先輩などのやり方を見て真似る**といったことは困難になる。名刺交換にまつわる約束事について も、はっきりと教えてもらえないと経験だけでくみ取るのは難しい。知らないままで本番を迎えて、恥をかいてしまうこともある。

ADHDの場合でも、本番で先輩の名刺交換の所作にまで注意が回らずに、やり方を学べないまで同じ状況になってしまう場合がある。

解決法 所作・約束事を知っておけば対応できる

名刺交換の所作自体は、動画サイトで検索すればいくらでも出てくるのでおおいに活用させてもらおう。ユーチューブで「名刺交換」と検索すれば、参考になる動画はたくさんある。

コツとしては、いろいろな動画を見まくるのではなく、**自分にとって一番わかりやすい動画1つに絞って参考にすることだ**。

さまざまな動画を見比べてしまうと、それぞれの所作の微妙な違いや矛盾に惑わされてわけがわからなくなってしまう。どの動画であっても大事なポイントは押さえているものなので、わかりやすいもの1つで十分だ。

次ページで名刺交換のポイントについて説明しているので参考にして欲しい。

名刺交換の約束事

・基本は、自分から渡す

名刺は、基本的には自分から渡すと覚えておこう。手順は、次ページの通りで良い。しかし、もし先を越されて名刺を差し出されてしまった場合には、まずはこれをいただいてから改めて自分の名刺を渡すようにする。

・名刺交換は、「荷物を置いてから」のタイミングで

名刺交換のタイミングは、「荷物を置いたあと」の場合が多い。来客を迎えたときにはまず席に案内し、相手が荷物を置いてから。自分が訪問するときには、案内してもらった席の脇に自分の荷物を置いたあと。これは、名刺交換には両手を空けている必要があるからだ。

しかし、これは厳密に決められたルールではない。場合によっては受付前で、名刺交換を求められる場合もあるだろう。相手が立ち止まって自己紹介を行い、上着やバッグに手を入れたなら名刺交換のサインである。自分もすぐに名刺入れを取り出そう。

相手が途中から入室してきた人物であるなど、スタートで名刺交

名刺交換の所作

自分から渡すとき

1

相手から一歩半ほど離れて真正面に立ち、名刺入れを取り出して会釈する。

2

名刺を1枚取り出し、向きを確認する（相手から見て正しい向きなので、自分から見ると上下逆となる）。

3

名刺の短いほうの辺を、親指と人差し指で挟む。

4

一歩前へ出つつ、胸元から放物線を描く軌道で大きく手を伸ばし、相手の手にそっと載せるようなイメージで相手の手元まで名刺を持っていく。

memo

いったん手前で確認してから近づくのは、相手のパーソナルスペースへの配慮のためだ。相手の手元まで名刺を持っていくのは、相手に歩かせたり、手を伸ばさせたりする労をかけさせない意図がある。そして上からの放物線軌道で渡すことによって、相手が受け取りのタイミングを合わせる余裕が生まれる。直線軌道では、早すぎて相手がタイミングを合わせにくい。

5

名刺を渡しながら、「株式会社○○の□□です。よろしくお願いいたします」と自己紹介する。

6

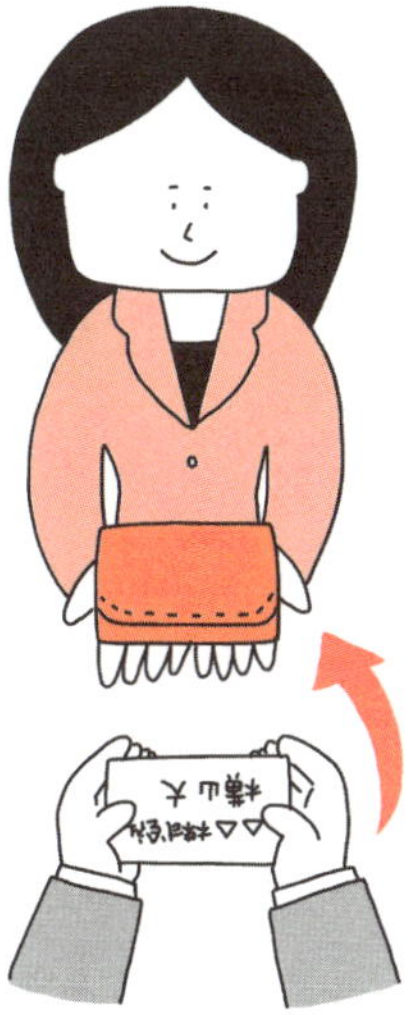

立ち位置はそのままで、相手の名刺を受け取る。受け取るときは、自分の名刺入れを台にして両手で受け取ること。

memo

自分が差し出すのと同時に相手にも差し出された場合は、いったん受け取ってから改めて自分の名刺を差し出す。

7

相手も自己紹介をしてくるので、それを聞き終わるまでは名刺＋名刺入れは両手で持ったまま。聞き終わったら、「頂戴いたします」と言おう。

memo

複数の人から名刺をいただいた場合は、名刺入れの上には置ききれなくなる。この場合は、テーブルに直接置くのもやむを得ない。このときには、先方の席の並びに合わせて名刺を並べておく。

8

いただいた名刺はしまわずに、そのまま自分の名刺入れを台にして自分の席のテーブルの上、左手側に置いておく。相手の名前がとっさに出てこなくなったときに、そっと見直すことができる。

相手の名刺を先に受け取るとき

1

先に名刺を差し出された場合は、まずこれを受け取ろう。自分の名刺入れを台にして、両手で受け取る。

2

相手の自己紹介を聞き終わるまでは名刺＋名刺入れは両手で持ったまま。聞き終わったら、「頂戴いたします」と言う。

3

自分の名刺を取り出し、向きを確認する（相手から見て正しい向きなので、自分から見ると上下逆となる）。

4

放物線を描く軌道で、上から相手の手にそっと載せるようなイメージで名刺を差し出す。

5

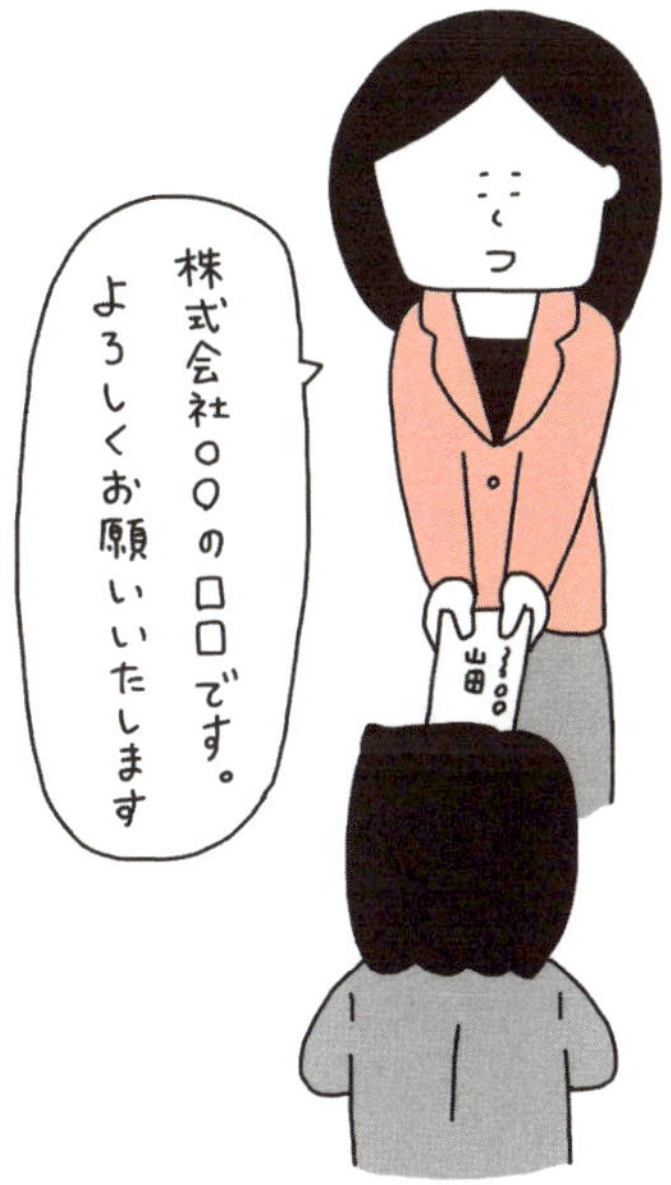

名刺を渡しながら、「株式会社○○の□□です。よろしくお願いいいたします」と自己紹介する。

6

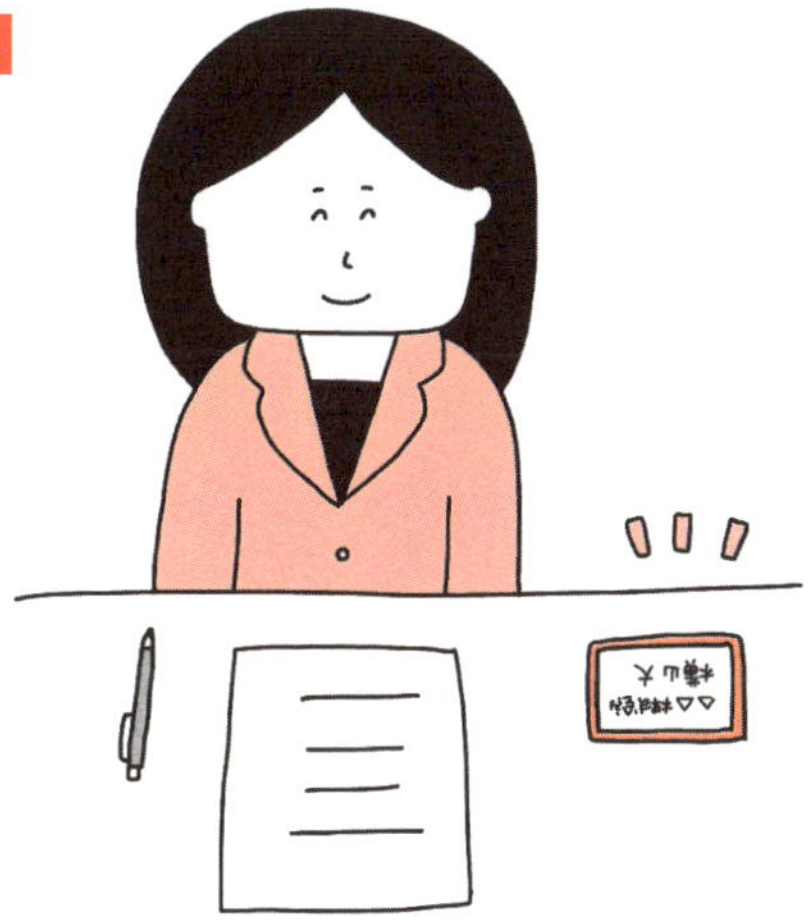

いただいた名刺はしまわずに、そのまま自分の名刺入れを台にして自分の席のテーブルの上、左手側に置いておく。相手の名前がとっさに出てこなくなったときに、そっと見直すことができる。

名刺交換の順番

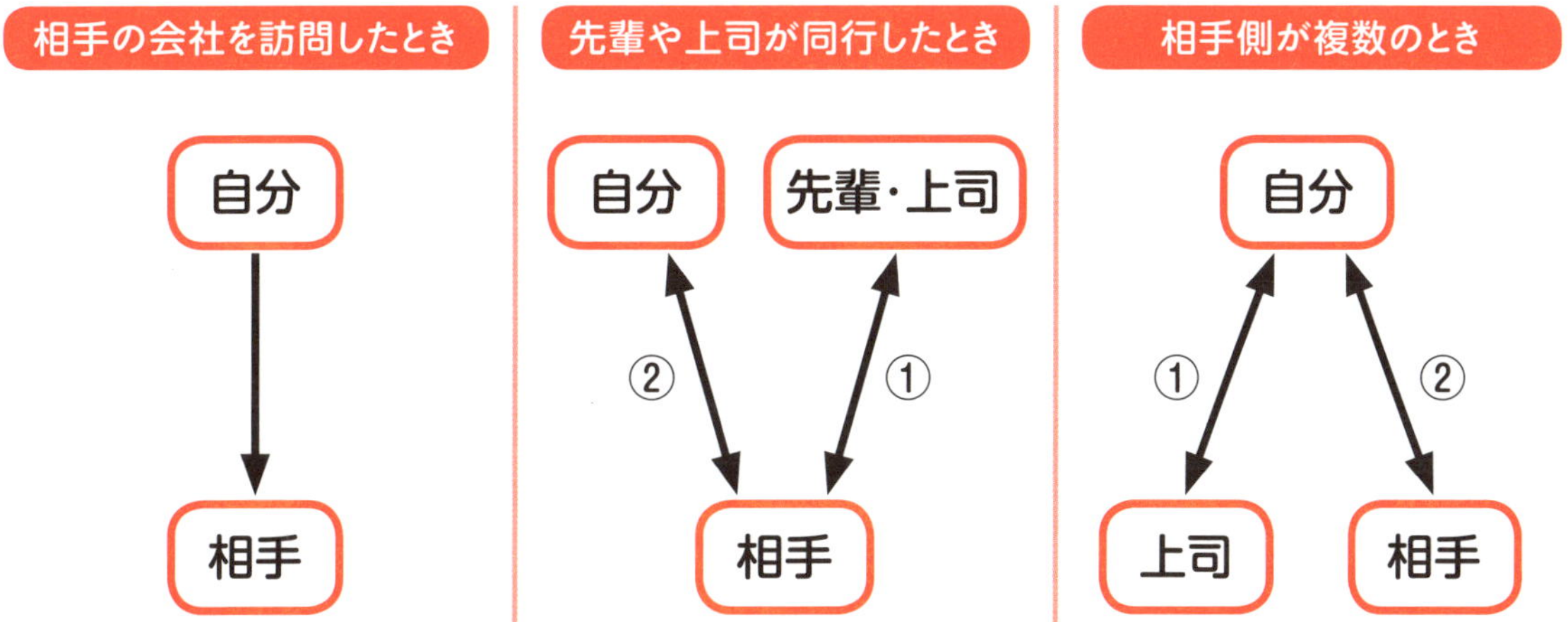

他社を訪れたときは自分から先に名刺を渡すようにする

先輩や上司が同行したときには、名刺交換は先輩・上司に先を譲る

相手側が複数のときは、立場が一番高い人から名刺交換をする

換の機会を逃してしまった場合には、途中の休憩時間や話が終わったあとで「ごあいさつが遅れて申し訳ありません」と名刺を差し出せば良い。

立場が上の人から交換していく

これは、自社側も相手側も同じだ。もし、先輩や上司と同行してきたのであれば、名刺交換は先輩・上司に先を譲る。自分が名刺交換を行う番になったら、相手側で立場が一番高い人から交換を行っていく。先輩や上司が名刺交換をしたら、後ろに並んで続いて自分も同じ方に交換をお願いする、と覚えておくとわかりやすい。

ただし、用事で遅れてくるなどの事情で、人数がすぐにそろわないこともある。この場合は、先に在室の人だけで名刺交換を始めてしまっても構わない。

ちなみに立場の序列は、同じ企業に属する人であればもちろん、役職が上の人が上になる。自社も含めて3社以上が集まっている場合は、集まる理由となった仕事の発注元に近い企業の人が上になる。

名刺入れは革製にする

名刺入れは黒・茶・紺・エンジ系の、**飾りの少ない革製のもの**を選ぶ。金属やプラスチック、布製などの名刺入れもあるが、これらは避けたほうが無難だ。相手や業界によっては、それだけで失礼と受け取られてしまう場合もある。

値段は千円程度のものでも良いが、安物は傷みも早いので擦り切れたりしたらすぐ買い替えよう。三千円程度出せば、まずまずの耐久性のものが購入できる。

デザインだが、メインのポケットの部分が2つに分かれているものが使いやすい。

名刺入れはメインの広いポケットの他に、フタの部分にもポケットがついている場合がある。しかし、フタ側のポケットには名刺は

入れないようにしよう。フタ側のポケットは狭く、名刺を入れると曲がってしまう場合があるからだ。

メインのポケットが2層に分かれていれば、自分の名刺といただいた名刺を分けて入れておくことができるので使いやすい。

名刺入れは、男性の場合、上着の左側の内ポケットに入れておく。ズボンのポケットには、絶対に入れないようにしたい。椅子に座るなどしたときに、名刺が曲がってしまう恐れがあるからだ。クールビズなどで上着を着ない場合には、ワイシャツの胸ポケットに入れておいても良い。不格好になってしまうのであれば、かばんの中のすぐ取り出せるポケットに入れておこう。

女性の場合は、名刺入れはバッグの中に入れておくのが基本になる。

折れ、汚れのある名刺は使わない

汚れや折り目がついてしまったり、角がつぶれてしまったりした名刺は捨てる。必ずきれいな名刺を使うようにしよう。

自分の名刺は、名刺入れに常時20枚程度は入れておく。

名刺入れに入れるときは、向きをそろえるように注意する。向きをバラバラに入れておくと、何人かと続けて名刺交換するときに逆向きに渡してしまう危険がある。

明日必要なのに、名刺が切れてしまっていた！

明日には必要なのに、名刺入れをのぞいたらあと1、2枚しか残っていない。そんな緊急事態にも、1日残されているなら打つ手はある。

パソコンとプリンタがあるなら、自作を考えても良い。家電量販店の印刷用紙コーナーには、名刺用の用紙も販売されている。ソフトはワードでも良いが、A-oneの提供する「ラベル屋さん」を使うと簡単だ。ただし、用紙はA-oneのものを使う必要がある。

自作する場合は、社名・部署名・名前・住所・電話番号・メールアドレスなどの必要情報だけを入れた、シンプルなものを作るようにしよう。

出張先などでパソコンが自由に使えない場合は、「キンコーズ」のような個人対応の印刷店では特急仕上げで名刺を作成できる。1枚でも元の名刺があれば、コピーで作成できるのでより早くなる。その他、写真店などでも名刺作成サービスがある場合があるので、尋ねてみよう。

自分の仕事の範囲がわからない

対策

- 自分がいつもやるべき業務は、特別なファイルに整理する
- 直接指示を受けた仕事は、具体化して確認する
- ローテーション業務は、やり方だけでなくタイミングも聞いておく
- 仕事ごとに、自分の責任と権限の範囲を確認する

事例　良かれと思ってした仕事が大迷惑に……

事務の人が青い顔をして、「ちょっと、サーバのフォルダを並べ替えちゃったの誰!?」と叫んでいた。

得意気な顔をして、「私です。構成がバラバラで使いにくいと思ったんで、整理しておこうと思って……」

「そんなの、あなたの仕事じゃないでしょ！　ファイル同士でリンクを張っていたのに、全部使えなくなっちゃったじゃない！」

「あー、そういうのやめたほうがいいですよ。ファイルを移動したら使えなくなっちゃうとか、意味ないし」

「余計なお世話だよ！　何でそういう余計なことするの！」

それから事務のチームは大騒ぎで、復旧するのに半日仕事が止まってしまったと言われた。自分としてはきれいに効率的に整理して、感謝してもらえると思っていたのに……。

原因　明文化されていないと、自分の仕事の範囲がわからない

良かれと思ってやったことで叱られる。指示されてないのに、「やっていて当たり前」と言われた。ＡＳＤでもＡＤＨＤでも、仕事でこうした経験をしたことがある人は多い。

一般的に日本の企業では、部署による仕事の区別はあるものの個々の仕事についての明確な線引きがない場合が多い。状況に応じ

て管理者や対応する社員を配置したり、あるいは現場の社員が気を利かせたり連携したりで対応する。

ところがASDがあると、**他者に注意が向きにくい**。同じ職場でも同僚がどう動いているかに無頓着なため、ここから学ぶことができない。

ADHDの場合は**衝動的に自分の思いつきで動きがち**で、やはり他者から学ぶ意識が薄い。**「空気」や「経験」、個々の交渉で自分の仕事の範囲を把握する**のが、ASDの人にもADHDの人にも難しいのだ。

結果、気を利かせたつもりでやったことで「余計なことをするな」と言われたり、逆に「あなたの仕事なのに、なぜこれをやっていない」といったエラーを生んでしまったりするのである。本人とすれば求人票にもない、言われたこともない仕事であっても、現場

Column

発達障害者に関わる就職の制度と特例子会社

現在の日本では、全国の企業に障害者の雇用を義務化している。この法律では、社員数の一定割合を障害者手帳の所有者とすることを義務づけている。2018年、その割合はこれまでの全社員数の２％から、2.2％に引き上げられた。割合の引き上げは精神障害者手帳の所有者数を加味した結果で、実質的に精神障害者の雇用が企業に義務づけられたことになる。これからもこの割合は、増加していくものと見られている。

雇用義務を果たしたいと考える多くの企業では、障害者限定の求人を行っている。この求人は、障害者雇用枠と呼ばれている。

ハローワークでは、この障害者枠専用の求人を一般の求人とは別に管理している。これに伴って、障害者枠での雇用を検討する人の相談を受けつける窓口を設けている。

障害者枠での就職活動を検討する場合は、最寄りのハローワークの受付で障害者窓口について尋ねてみよう。

障害者手帳を持っている人は、障害者枠の求人・一般求人どちらにも応募することができる。一般の求人で雇用されたとしても、雇用先の企業に障害者手帳を持っていることを報告すれば、企業は障害者雇用枠を満たすための人数として申請が可能だ。

また大きな企業グループでは、障害者雇用のために特別な子会社を作っている場合がある。これを、特例子会社と呼んでいる。特例子会社は障害者雇用が前提になっているため、企業の中で障害のサポートについて研究してから設立されていることが多い。その分、働く人にとっては障害への理解ある職場であることが期待できる企業になっている。

から見れば、たとえば「前にそのポジションにいた人はやってくれた」ということが十分「その人の仕事」であるという根拠になる。

　上司に自分の仕事の範囲をはっきりさせて欲しいと頼んでも、これが難しいのだ。上司にとっては、明日には別の仕事をやってもらう可能性もあるのだから。

解決法

指示された仕事は、成果物を具体的に確認。直接指示のない仕事は、記録で経験を蓄積させる

　基本的には、周囲の人がそうしているように、経験を蓄積させて自分の仕事の範囲を把握するしかない。しかし、ただ漠然と経験を積んでいるだけではこれまでと同じだ。いつまで経っても、自分の仕事の範囲を洗い出すことはできない。

　叱られたり、注意されたりしたことも情報として受け取って、**自分の仕事内容の整理をシステム化していく**必要がある。

いつもやるべき業務は、特別なファイルに整理する

　ルーチンワークと指示された仕事、「言われなくてもやっておくべき」と注意された仕事などは、随時記録しておこう。

　デスクワークの仕事であれば、**業務管理用のファイルを用意して書き込んでいく**。ファイルはパソコンのファイル、紙のファイルどちらでも良い。

　使うのがパソコンのファイルなら「私の仕事」などと名前をつけ、デスクトップに入れておく。デスクトップが散らかりやすい人であれば、忘れないようにファイル名を付箋に書いてパソコンに貼り、剥がれないようにセロハンテープでとめておこう。ファイル名さえ忘れなければ、検索機能を使って探し出せる。具体的な手順は次ページの通り。

　またDropBoxやOneDrive、グーグルドライブといったオンラインストレージサービス、EvernoteやiCloudのようなクラウドサービスを使っているなら、そこに記録しておけばさらに便利だ。

　デスクワーク以外の仕事などパソコンを使わない場合には、専用のノートやファイルを1冊用意し、背表紙に「業務管理」などと書いておく。このノートやファイルは絶対に外に持ち出したり、家に持ち帰ったりしないようにする。また、「取りあえず」と別の情報を書き込んだり、関係のない書類を挟み込んだりしてもいけない。パンチでノートやファイルの端に穴をあけて、机やロッカーにひもで結びつけておく。百均で手に入るブックエンドに、綴りひもなどを使って結んでおくのがお手軽だ。

システム手帳を使っているなら、一番先頭のページに専用のリフィルを入れて、これに書き込んでいく。普通の横罫のリフィルでも良いが、カラーインデックスを使って直接書き込んでいくのもお勧めだ。目立つし、すぐに見つけ出すことができる。

記録していく内容は、業務名、締切りや発生タイミング、その仕事について報告する相手や質問できる人の名前といったところだ。仕事の手順など詳しい情報も入れておきたいと思うかもしれないが、それは別の資料にする。業務管理に用いるファイルやノートは、一覧として自分の業務全体を見渡せることが重要だからだ。

やっていなくて注意された仕事が出たら、きちんと謝罪したあと、その仕事をやるタイミング、報告や質問のできる相手を確認しよう。

毎朝仕事を始める前に、この一覧表を一通り確認する。また、その仕事が自分がやるべき仕事かどうかわからないときにも参照すると良いだろう。

直接指示を受けた仕事は、具体化して確認する

直接指示を受けた仕事は、**具体的に何をやり、成果物としてどんな結果を出せば良いかを事前にはっきりさせておく**。「言われた通りにやったつもりなのに『違う』と言われる」の項目も参照して欲しい。仕事を進めていくうちに、事前の確認になかった仕事が必要になる場合もあるかもしれないが、まだそれには手をつけてはいけない。事前の確認事項にない仕事は、取りかかる前に必ず上司に確認するようにしよう。

パソコンでやるべき業務を検索する手順

1 タスクバーの○マークをクリックする（❶）。

2 仕事管理ファイルの名前（「私の仕事」など）を入力する（❷）。

3 検索結果で見つかったファイルをクリックする（❸）。

「業務管理」の記入例

業務名	締切り・タイミング	報告・質問
月次決算	毎月15日	課長
会議室準備	朝に今日の会議確認 開始1H前まで	会議室予約者
コピー用紙点検	朝一、昼一	総務相田さん
配送業者対応	配送業者が来たとき	総務茂田さん
⋮	⋮	⋮

ローテーション業務は、やり方だけでなくタイミングも聞いておく

誰にも指示されなくても自分で管理して行わなければならないもののひとつが、ローテーションで行われる業務だ。特に事務の仕事では、月度・年度とカレンダーに従って定期的に遂行する必要がある業務が多い。

　はじめての仕事を習うときは、仕事の手順に意識が向きがちになるが、これらの仕事を行うべきタイミングについてもしっかり確認しておこう。月ごと、年ごとの仕事が多い場合には、自分の卓上カレンダーやスケジュール帳に**あらかじめ締切りを記入しておく**ほうが良い。「次の締切り」ではなく、時間のあるときに1年分すべてを記入しておこう。

仕事ごとに、自分の責任と権限の範囲を確認する

以上の過程を経てリストアップできた仕事が、**自分の責任の範囲**となる。逆にいえば自分の責任が及ばない範囲のことには、直接頼まれでもしない限り手をつけてはいけない。自分の責任になる範囲とは、逆にいえば自分が決めて実行できる権限のある範囲であるともいえる。

　注意点としては、たとえ外部要因によって予定がうまくいかなくなったとしても、それも含めて自分の責任の範囲ということだ。自分の仕事がうまくいかなかったことに対して、「自分のせいじゃないから仕方ない」と考えるのは会社ではNGになる。

　ただし、自分一人ですべて解決しなくてはならないという意味ではない。もし予定を狂わせかねな

いことが起きたら、すぐに上司に相談して指示を仰ごう。

自分の仕事とは自分が完成させるべき仕事のことだが、それには「いざとなったら他人の力を借りてでも」という手段も含まれるのだ。

もちろんこのとき、手助けしてくれた人には感謝の言葉を惜しまず伝えるようにする。

職場の情報を整理しておく

自分の業務だけでなく、それ以外の自分の職場の情報も整理しておくと円滑に仕事が回る。

下表の事柄をまとめ、必要な情報はパッと手に取ってすぐに見られる状態にしておくことは大変有効だ。

整理しておくべき職場の情報

1. 自分に関係する同僚の一覧表	• 名前 • 部署（出向しているなら出向先） • 連絡先（社用の電話番号、メールアドレス） • 関わっている仕事内容やプロジェクト名 • 座席（座席表にしておくと良い）
2. よくかかってくる電話相手の一覧表	• 相手の社名 • 名前・肩書き・部署名 • 連絡先（電話番号、FAX、メールアドレス） • 主に取り次ぐ相手（同僚）
3. 事務の年間スケジュール	• 月末や年末など恒例の業務 • 夏季・年末の休暇や給与の締め日・支給日などを書き込んだカレンダー
4. 自分の業務一覧	• 自分がやるべき仕事の一覧表 • 自分が「やるべきでない」ことの一覧表
5. 仕事別・業務メモ	• 仕事内容のマニュアルやメモ • 1カ月単位での同僚のスケジュール • 今日の同僚のスケジュール

仕事が断れず、処理しきれない

対策

○自分のやる仕事、やった仕事を記録して管理する

事例　自分にばかり仕事が割り振られてしまう

営業部のAさんがニコニコ顔でやってきて、「〇〇さん、これもお願い」と書類を置いていく。いつものことなので条件反射的に「はい、わかりました」と返すが、頭の中は不満でいっぱいだ。事務は私ばかりじゃないのに……。けれど断るのも角が立ちそうだし、断る理由も思いつかないので結局引き受けるしかない。

上司に相談もしてみたが、「うまくやってよ。忙しいのは君だけじゃないよ」と言うばかり。今日も残業するしかないけど、今度は「残業が多いね」と言われて忙しいのに評価もまったく上がらない。

原因　コミュニケーションと自分の仕事の把握が苦手

仕事の内容そのものは自分に合っていて、仕事ができるタイプの発達障害の人も多くいる。とはいえ、それでもまったく問題が出ないわけではない。特によく見られるのが、仕事を断れずに過重労働になってしまうことだ。

こうなってしまう原因として、まず考えられるのが**仕事はできても周囲とのコミュニケーションが苦手である**ことが挙げられる。周りとうまくコミュニケーションが取れないため、チームでやる大きな仕事が回ってこない。一方で、一人で完結する仕事ならうまくこなせるので、自然に単発仕事が流れてくることになる。一人で抱えている仕事なので他の同僚には当

人がどれだけ忙しい状況なのかわからないし、単発の仕事なのでそれほど負荷もかからないだろうと考えられてしまう。

　仕事を断るにしても、今度は別の苦手が関わってくる。ASDでもADHDでも**段取りを立てて仕事をすることが苦手**だが、これには仕事全体の把握や管理についても含まれる。仕事をいろいろ請け負っていくうちに、自分が今どれだけの仕事を請けていて、どれほど忙しいかの管理もできなくなってくるのである。だから他人に比べて、自分が忙しいのかどうかもわからない。新しくきた仕事をそもそも断るべき状態なのかどうかも判断できなかったりするのだ。

　また発達障害の人全般に見られる傾向として、自分への自信のなさから**周囲の要望を無制限に受け入れてしまい、断ることができない**という問題を抱えている場合がある。上司に相談もできず、負荷ばかり増えてしまっている人も多い。

解決法　自分のやる仕事、やった仕事を記録して管理する

　単発の仕事が次々舞い込んで管理しきれなくなっている場合は、対策として**仕事の記録をつけておく**。記録する内容は業務内容、依頼者、締切り、開始日、終了日だ。

　もともと自分の業務だった場合は、依頼者は「自分」とする。開始日は依頼を受けた日でも良い。

　忙しいときに仕事を頼まれた場合は、相手にこの表を見てもらいながら一緒に締切りを考える。相当に忙しい状況であると相手に理解してもらうのにも、表にまとめておくのは有効だ。

　自分の仕事を記録しておくと、また別の役にも立つ。賞与などの評価の際、自己評価表を出したり評価面談を受けたりする際の資料になることだ。自分がどれだけ職場に貢献しているのか、上司に認めてもらうきっかけにもできる。

仕事の記録の記入例

業務内容	依頼者	締切り	始	終
A社〇〇様に祝電	□□課長	8/3	8/2	8/2
出張申請書処理	営業部××さん	8/23	8/21	8/23
8月度交通費処理	自分	8/30	8/22	
⋮	⋮		⋮	⋮

メモがうまく管理できない

対策

- システム手帳をメインに、リフィルの予備をあちこちに準備する
- カードメモ「ジョッター」を活用する
- A4用紙をメモ用紙として、IDケースに入れておく

事例　メモ帳をすぐに忘れたり失くしたりしてしまう

メモ帳をすぐに忘れたり失くしたりしてしまうので、その都度新しいのに買い替えている。これまでに何冊買ったかわからないほどだ。

そのうえ記憶に自信がないので、メモだけは欠かせない。

だからかばんの中に1冊、机の中に1冊、ジャケットのポケットに1冊と思いつく限りの場所にメモ帳を忍ばせている。

そこまでやっても、決してうまくいっているわけじゃない。

先月問い合わせのあった、お客様の連絡先。メモしたことは確実なのに、かばん・机・ポケット、どのメモ帳を何回めくり直しても見つからない。

そろそろ約束の期限だし、こちらからご連絡しますと言ったので待っているだろうし、連絡しなかったら会社の信用にも関わってしまう。

自分は、何でいつもこうなってしまうんだろう。

原因　ADHDの不注意性と対策のミス

あらゆる仕事は多かれ少なかれ、毎日が新しい情報との格闘だ。よほど記憶力に自信がある人を除けば、メモなどの情報ツールは社会人には必須のものだろう。発達障害を抱える人の一部には、優れた記憶力を持つタイプもいる。しかし、そうした一部の人を除いて、ほとんどの人は、むしろ記憶力に自信のなさを抱えている人たちになる。特に仕事の手際を左右する**短期記憶の弱さ**は、ASD・ADHDどちらにも共通するハンデだ。

　これをカバーするために重要なのがメモやスケジュール帳なのだが、ここに今度はADHDの抱える**「不注意」**という性質が絡んでくる。不注意性が強いと、物忘れや失くし物が多くなる。これはもちろん、メモ帳も例外ではないのだ。

解決法 自分に合った情報管理方法を考える

　事例のように大量にメモ帳を用意する方法は、メモ帳を忘れたり失くしたりしやすい人が取りがちだが、これは必ずしも有効な方法ではない。

　まず複数のメモ帳に内容が散らばるため、どこに何の情報が入っているのかわからなくなってしまう。また、メモ帳の数を増やしても、そこに書かれた情報はそれぞれ異なるので、1冊失くしてしまったら、そのメモ帳の内容も丸々失われてしまうのだ。

　あちこちにメモ帳を用意しておくという方法は、基本的にその日のメモは当日に使うだけ、というタイプの職種には有効だろう。しかし、たとえば仕事の手順を書いておくなど、後日にそのメモを活用したい場合には向かない方法だ。

　とはいえ、「1冊をきちんと管理する」「メモ帳の内容を定期的に1冊にまとめる」といった方法はADHDの傾向から考えると適切なやり方ではない。ここでは、メモ帳複数持ちのデメリットを補う方法を考えてみよう。いろいろ試しつつ自分なりにアレンジもして、ベストな方法をつかんで欲しい。

システム手帳をメインに、リフィルの予備をあちこちに準備する

　メモ帳の代わりに**システム手帳のリフィルを準備し、基本的にメモはこれに取る**。その場限りのメモなら、用が済んだらそのままシュレッダーへ。あとで必要なものなら、システム手帳に綴じ込んでおくという方法だ。手間はシステム手帳へのファイリングだけなので、別のメモ帳に書き写すよりは

システム手帳のリフィルの活用法

- メモ帳代わりにリフィルを活用する
- その場限りのメモなら、用が済んだらそのままシュレッダーへ
- 必要なものは手帳に綴じ込んでおく

はるかに簡単だ。メモ帳は1冊使い切ってしまうと、必要な情報も不要な情報も一緒に残したまま新しいものに移らざるを得ないが、システム手帳は必要な情報だけそのまま残しておける。

注意点としては、まず本体のシステム手帳そのものを失くさないように工夫する必要がある。大きめのサイズを買う、鍵用のチェーンでかばんとつなげてしまう、職場に置きっぱなしにしておくといった方法が考えられる。

また、ファイリングする手間も面倒になってしまい、クリアファイルにひたすらリフィルがたまってしまうようなら、別の方法を考えたい。

カードメモ「ジョッター」を活用する

ジョッターとは、情報カードをメモ用紙として使うための文具だ。カードの大きさは、名刺サイズのものが多い。情報カードはもともと研究者などが好んで用いていた文具だが、スマホとクラウドサービスの普及によってビジネスパーソンにも使われるようになってきた。

メモ帳の代わりに情報カードを持ち歩き、メモを取ったらその場でスマホで撮影してEvernoteなどのクラウドサービスにアップロードしてしまうのである。こうしておけば、たとえカードやスマホそのものを失くしてしまっても、

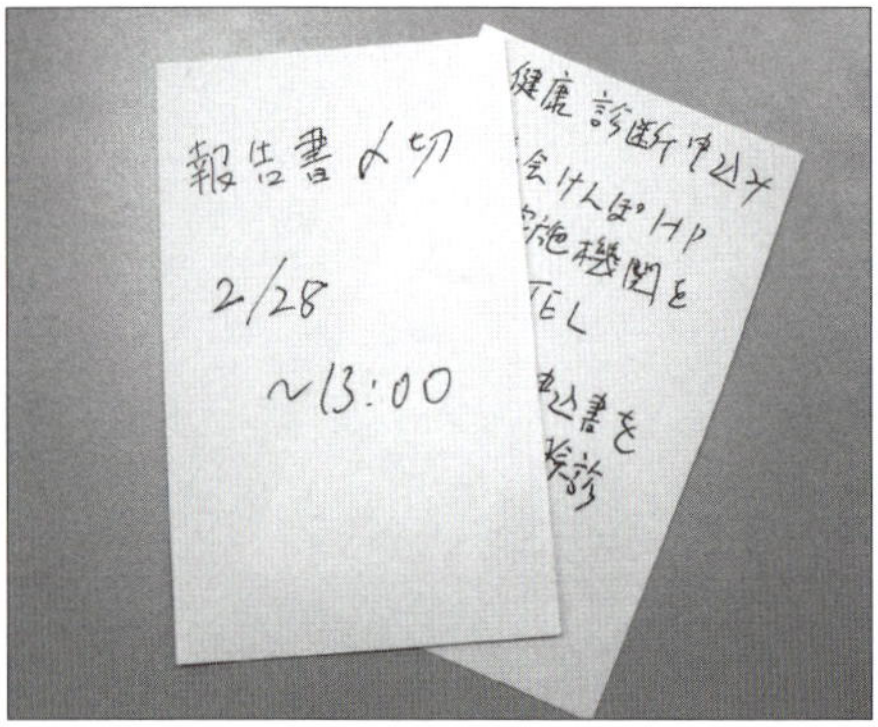

ジョッターは、その場限りのメモにも、保存用にも活用できる。

情報は失われない。

　メモをカードで扱うのも、便利なことが多い。伝言のようなその場限りのメモにも使えるし、残しておきたい情報はそのまま名刺ボックスにしまっておける。必要なときに必要な情報だけ取り出して、名刺入れに入れておくといった使い方も可能だ。文具としてのジョッターはやや高価だが、名刺サイズの情報カードは百円ショップでも購入できる。

　注意点としては、カード1枚1枚はメモ帳よりも失くしやすいことだ。ジョッターを使う場合には、必ず撮影する習慣づけをしたい。

A4用紙をメモ用紙として、IDケースに収める

　A4用紙を8つ折りにすると、ちょうどIDケース程度のサイズになる。これをIDケースに収めておいて、**1日分のメモ帳**とする。A4用紙をジョッター代わりに、裏表でちょうど16枚分の情報カードと同じように使える。1日が終わったら用紙を広げて、スマホで裏表を撮影する。使い終わった用紙は、捨ててしまっても良い。IDケースを使っていて、また1日動き回ることの多いような仕事には有効な方法だろう。A4用紙自体入手しやすく、撮影の手間も広げて表裏で2回で済むのが利点だ

　これはEvernoteが推奨している方法で、メモの台紙として使えるペンの収納もできるIDケースも連携商品として発売されている。他のメーカーからもジョッターつきのIDケースはいくつか販売されているので、興味があればアマゾンや楽天などで「ジョッター　IDケース」で検索してみよう。一般のIDケースと比較して、やや高価なのが難点だ。

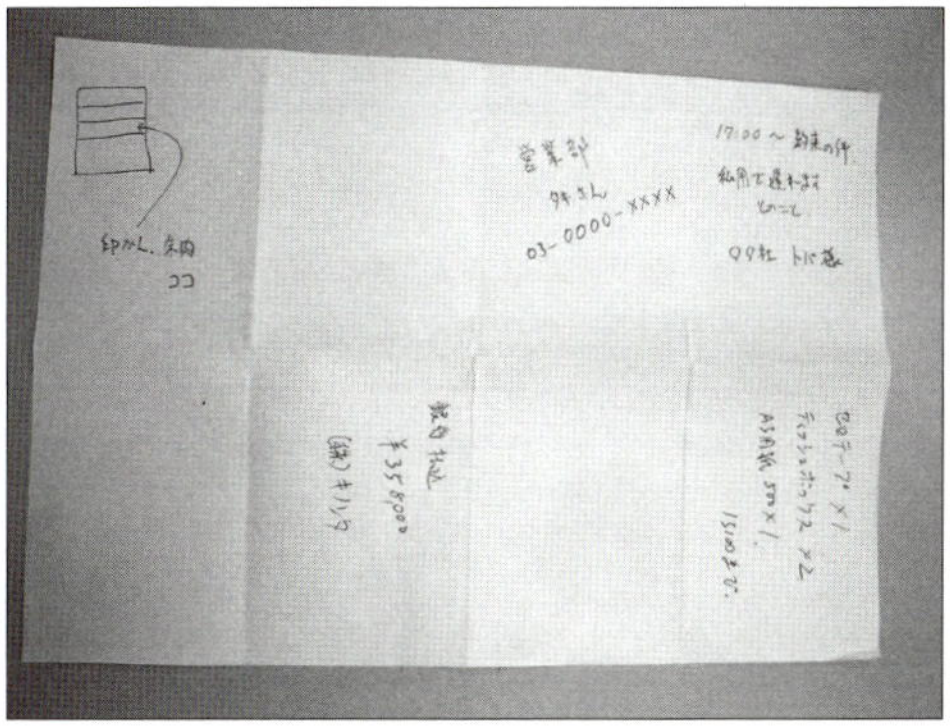

A4用紙は16枚分の情報カードと同様の使い方ができる。

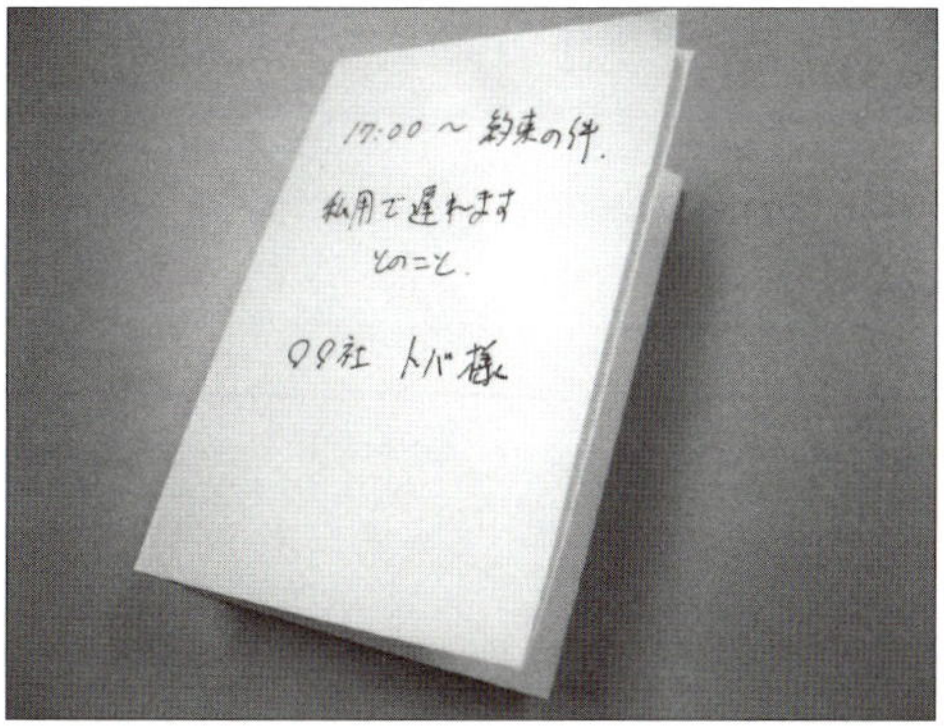

A4用紙を8つ折りにすると、ちょうどIDケース程度のサイズになる。

電話応対で何を話したらいいかわからない

対策

○専用の電話応対メモで、聞くべきことをわかりやすく

○メモは実際に自分が話す言葉で書く

事例　メモを取りながら、電話応対ができない

電話応対は苦手。離席していた上司宛に折り返し電話が欲しいというお客様からの伝言で、会社名や名前を間違えて伝えてしまい、「これじゃ、わからないだろ!」と叱られた。

お客様に電話するのも気が重い。予想外のことを言われると混乱してしまう。どうすればうまく電話応対ができるのだろう。

原因　電話応対はマルチタスク

ASDの場合、そもそもコミュニケーションを取ることが苦手だが、**電話ではそれがいっそう強くなる**。

周囲が騒がしければ、聴覚過敏で電話の音が聞こえにくくなる。用件を聞きながらメモを取らなければならないとなれば、**苦手なマルチタスクを強いられる**。

目で理解する視覚優位の傾向の人が多いのに、苦手な聴覚のほうですべてを理解しなければならない。電話応対はASDの人には、あらゆる点で不利な戦場だ。

一方でADHDの人も、電話応対は得意ではない。そもそもADHDの人は相手の話を聞くことに意識を向け続けるのが難しいが、電話のように**相手が目の前にいないとこれがさらに顕著になる**。電話中、何かに気を取られたり、別のことを考えてしまったりしたら、たちまち意識はそちらに引っ張られ、相手の声が完全に頭をすり抜けていってしまうのだ。

解決法 可能な限りパターンを作って準備をしておく

発達障害があっても事前に十分なシミュレーションをしておけば、たいていのことは問題なくできる。そこで、電話応対については、電話を受ける、かける、それぞれにパターンを作っておこう。

電話を受ける

電話応対メモは必ず手元に置いておく。ワードのテンプレートで「電話」と検索すると複数の電話応対メモが出てくる。テンプレートを基にして、**よくある伝言については自分で項目を追加し、チェックだけすれば良い状態にしておこう**。次ページにテンプレートを掲載しておく。

また、相手の会社名、名前が聞き取れなければ繰り返し確認をする。相手に失礼ではないかと繰り返し聞くことを躊躇する人がいるが、むしろ名前を間違ったまま受けるほうが失礼だ。それに会社名が長かったりめずらしかったりする名前の人は聞き返されることには慣れている。

人は相手の話しているペースで話す。こちらが早口だと相手も早口になってしまう。ゆっくりと「おそれ入りますが、もう一度御社名とお名前をお願いします」と言ってみよう。

電話をかける

こちらから電話をかける場合は目的があって電話をするので会話の内容が想定しやすい。**誰に対して、何をして欲しいのかを明確にして話をする順番を考えれば良い**。ここでも自分用のメモを活用しよう。手書きである必要はない。ウィンドウズのメモ帳に項目を記入したものをデスクトップに準備しておき、電話をかける前に話す内容を整理することで事前のシミュレーションになる。このとき、メモは実際に自分が話す言葉で書こう。書いてあることを読み上げれば良い状態になっていれば、焦らずに話すことができる。

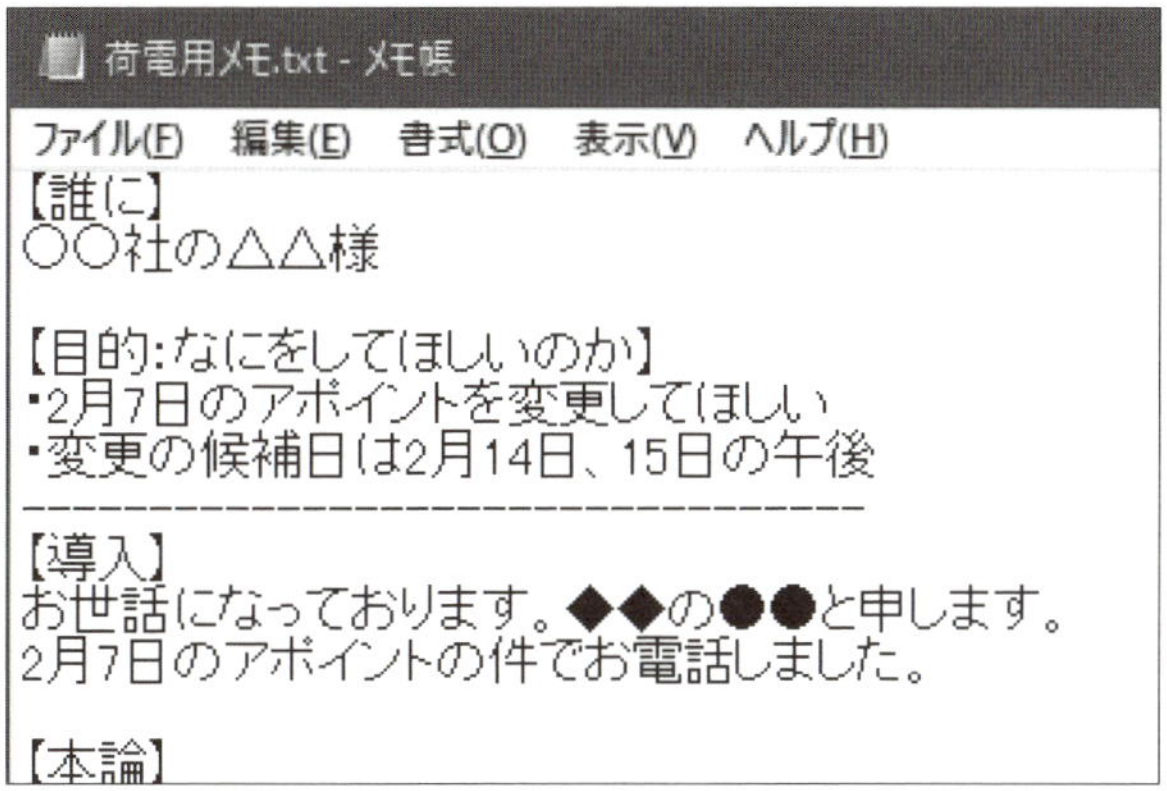

電話をかける前にウィンドウズのメモ帳に項目を記入したものをデスクトップに準備しておく

電話応対には専用の電話応対メモを活用する

様から

Tel:

時　分　頃お電話がありました。

□折り返しご連絡お願いします
□至急ご連絡お願いします
□後ほどお電話いただけるそうです（　時　分頃）
□伝言があります

受付者：

Point

❶よくある伝言については自分で項目を追加し、チェックだけすれば良い状態にしておく

❷相手の会社名、名前が聞き取れなければ繰り返し確認をする

❸ゆっくりとした口調で話すようにする

第4章

報連相がうまくできるようになりたい

報告・連絡・相談

報連相は発達障害を抱える人にとっては最も苦手とする分野だ。だが、それだけにこの点が改善されることで仕事のやりやすさが大きく変わる部分でもある。この章では、仕事で「自分から他人に伝える」こと全般について解説する。

最後まで話を聞いてもらえない

対策
- ○報連相の型を決める
- ○報連相シートを活用する

事例

誤解のないように詳しく話したいのに、話が長いと言われてしまう

上司から「この前指示した件、どうなってる?」と聞かれた。

「あっ、はい、今やっています」

「いや、やっているかどうかじゃなくて、今どういう状況なのか聞いてるんだけど」

「いや〜、いろいろ調べても参考になる資料が見当たらなくて……○○部のA先輩にアドバイスをもらおうと思ったら、忙しいって断られるし……それで△△部のB先輩にどうにか話を聞くことができたんですよ。B先輩、とても丁寧に話をしてくれて、◆◆◆ということや□□□ということもアドバイスしてくれたんですよ。B先輩すごいですよね」

「もういいからどこまで進んでるかだけ教えてくれないかな」

まただ……自分が話をするといつも話の途中でやめさせられて最後まで聞いてもらえない。

会議のときもそうだ。部署の打ち合わせや会議、最近では「○○についてどう思う?」と意見を求められることも増えてきた。

自分なりに考えて話しているのに、周囲からは「要点は何?」「何が言いたいの?」と言われて

しまう。要点といわれても、全部ちゃんと話さないと相手もわからないのでは……。

原因　**全部伝えきらないと不安。相手が何の情報が欲しいのか理解することが難しい**

ASDの人はすべてを説明しようとして、あるいは自分の興味関心があることへのこだわりから、**多弁になる**か、逆に何を話したら良いのかわからず、**言葉が不足している**か、どちらかの傾向になりがちだ。

ADHDの人は衝動性から思ったことをすぐに口にしてしまうため、話をしている途中で次々と話題が変わっていき、**結局何を言いたいのか相手に伝わらない**ことになってしまう。

この原因は、相手の求めるポイントがわからないことにある。そ

Column

障害者向けの職業訓練

発達障害も含めた障害者が利用できるサービスのひとつに、数種の職業訓練がある。次の2つが代表的なものだ。

・就労移行支援

常設された施設で、就職を目指しての訓練ができるサービス。最大2年の期間を使って、職業訓練や就職活動のアドバイスを受けることができる。

就労移行支援の利用については、障害者手帳は必須ではないが、医師の診断を前提とした「訓練等給付」の申請が必要になる。

詳しくは最寄りの自治体の障害福祉課で尋ねてみよう。

・委託訓練

都道府県などが、公共の職業訓練を民間団体などへ委託したもの。対象者であれば、基本的に無料で訓練を受けることができる。

訓練内容は実施団体や企画によってさまざまだが、基本的に短期のものが多い。時期によって開催されているものも異なるので、利用を検討する場合はその都度情報をつかむ必要がある。

委託訓練を検討する場合はハローワークの障害者対応窓口や支援センターで尋ねてみよう。

のため、「相手がどこまでわかっているかなんてわからない。間違って伝わったら怖い」という不安から過剰に事細かに話をしたり、「大事なことがわからない」ために何を話していいのかがわからず、全部説明している場合がある。また言葉が極端に不足する人の中には、子どもの頃から自身の言動に対して説明を求められた際に「言い訳をするな」と言われ続けた結果、何を話せばいいのかわからなくなって「すみません」を繰り返すことになった人もいる。

解決法 報連相の型を決める

報告はフォーマットやメモを活用して**事前に考えてから行う**と良い。何を報告するのか、どういう順番で話をするのかを事前に整理してから報告（連絡・相談）する。フォーマットに入れるべき項目は用件・結論・理由・対策案だ。

まず相手に用件を伝えた上で、相手の都合を確認する。

「○○さん、△△の件について報告／連絡／相談があるのですが、今、お時間よろしいでしょうか？」

次に、最初に結論を伝え、その後に理由を説明する。

「結論から申し上げますと〜です。その理由は〜です」

最後に報連相の結果、指示を受けた場合は内容を確認した上で、感謝の言葉で締める。

「今後の取組みは〜を○月○日○時までに行います。お時間をいただき、ありがとうございました」

この手順で行えば、要点を絞ってうまく相手に伝えることができるようになる。

報連相シートを活用する

報告内容を事前に考える際には、**報連相シート**（次ページ参照）の活用が有効だ。記入する際には、次のことに注意したい。

- 上司、同僚に話しかける前に、必ずシートに記入する
- その報告・連絡・相談・質問は、今する必要があるか（いつするか）を考える
- 時間、数、固有名詞は正しいか、必ず確認する

会議の場合も、このシートを活用し、可能な限り事前に準備をして臨もう。会議の目的、議題、出席者は事前に確認し自分用の資料を作成する。何のための会議なのか、自分の仕事にどう関わるのかを整理しておく。発言は会議の目的に合っているか、自分の仕事に関わることか、という点に絞ると良い。

報連相シートの記入例

（誰に）田中さん ゲストスピーカー の件で

報告・連絡・相談・質問 があるのですが、

今、お時間よろしいでしょうか？

（何を）結論を３行で

新入社員研修でゲストスピーカーに来てもらう日程の変更
もしくはゲストスピーカーの変更が必要になりました。
できれば日程を変更したいと考えています。

【誰が】
（誰に）

【何を】

【いつ】

【どこで】

【どうした】（どうしたい）
①新入社員研修のプログラムにおいて、ゲストスピーカーとして来ていただく日時を変更する。プログラム変更が可能な日時は○月○日○時～○時と△月△日△時～△時。
②日時は変更せずゲストスピーカーを変更する場合、具体的な候補者についてアドバイスが欲しい。

【なぜ】（理由、原因）
ゲストスピーカーとして予定していた相談役の都合が悪くなった。しかし、新入社員研修のプログラムの趣旨は創業者の話を聞き、設立時の思いや今までの会社の歴史を理解するというものだから。

報連相のタイミングがわからない

対策

- ○報連相すべての頻度を頻繁にする
- ○あらかじめスケジュールを出しておき、細かい進捗の区切りを報告日と決めておく
- ○チームで進捗や作業ファイルを共有する

事例 上司への報告が遅れて、仕事に影響が出てしまう

客先に行っていた課長が帰ってきたので、一息ついているタイミングで話しかける。

「すみません、明日のイベントのことなんですが」

「ああ、いいよ」

「最終的に、申込みが215人ありました。用意した席から5人オーバーしているんですがどうしたらいいですか」

「えっ!? 何で今さらそんなこと言うんだよ」

「でも報告の締切りが今日になっていたんで」

「締切り前でも、オーバーしそうってわかってたんなら早く言ってよ!」

確かに先週にはギリギリの人数になっていたけど、課長も忙しそうにしていたし、あとで言えばいいやと思っていた。でも、ちゃんと決められた締切りまでには伝えたのに、叱られるのは納得がいかない。

原因 ADHDの先延ばしや衝動性、ASDのコミュニケーションの躊躇

ADHDを持つ人に多い**先延ばし傾向**は、仕事などで締切りが設定されていると「そこまでにやればいいや」とギリギリまであと回しにしてしまう。時間の見積りの甘さもあいまって、「報告しようと思ったら上司は定時で帰ってしまっていた」とタイミングを逃してしまうことも多い。また、

マルチタスクの苦手から他に抱えている仕事があったり、割込みのタスクが入ったりすると、**報告することそのものを忘れてしまう**こともある。

ＡＳＤの場合には、過去にコミュニケーションの失敗体験を重ねてしまっていることが多い。ここから**コミュニケーション全般に躊躇してしまう**ようになると、上司への報告といった必要なやりとりさえも「忙しそうだから」「今は機嫌が悪そうだから」などの理由でなかなか実行ができなくなってしまう。結果としてＡＤＨＤの場合と同様、締切りギリギリの報告になってしまい、想定外の状況に対応できなくなってしまうといったことも起こる。

またＡＳＤの場合は、**判断基準が明確でなければタイミングの判断もつけにくい**場合がある。たとえば、「このアクシデントは報告すべきことか、自分で対処すべきことか」といった判断についても、基準がないと難しい。また、今上司に話しかけて良いタイミングなのかどうか、といった相手の都合を読み取っての行動も同様だ。もともと他人を観察する習慣がないため、相手の行動を見ても忙しいのかそうでないのかわからない。結果、いつまでも上司の様子をうかがうだけで話しかけられなかったり、誰かと話をしている最中なのに割って入ってしまったりといった失敗をしてしまう。

解決法　報連相すべての頻度を頻繁に

報告、連絡、相談というが、それぞれ明確に分類して考えなくても良い。大事な点は、自分の仕事の状況をできるだけタイムラグなく、上司や同僚と共有することだ。

考え方としては、報告は早いほうがいい。上司にとっても、問題がギリギリになってから相談されるのと、ある程度余裕がある時期に相談されるのとでは取れる対応が大きく違ってくる。とはいえタイミングや内容を間違えれば、せっかくの早い報告も歓迎されない場合も出てくる。

そこで基本的なスタンスとして、**締切りとは別にルーチンを決め、頻繁かつ定期的な報告で状況を伝えていく**のが良い。週一にするか毎日にするのか、頻度は仕事内容にもよるが、ともかく日頃から細かく仕事の状況を共有しておく。

これによって、自分が緊急性を判断できていない場合でも、上司が先に危うさを察して対策を取ることができる。

話しかけるタイミングの基本は、相手が一人でいるとき

この場合の一人というのは、電

話も含めて誰とも話をしておらず、誰かとチームで体を使う作業をしているわけでもない、という状況だ。

ASDタイプの人でありがちなのが、相手が真剣にパソコンの画面をにらんでいると、事例のように「今は忙しそう」「機嫌悪そう」と考えてしまうことだ。それで話しかけるのを躊躇してしまって、相手の表情を見ながらタイミングを計っていると、急にその人が外出してしまってせっかくのチャンスを失ってしまう。

一方で相手が誰かと話をしていると、「今は話をしてもいいタイミングなのかな」と考えてしまう場合もある。結果、話し中に割り込んだり、後ろで不自然に順番待ちをしたりとかえってタイミングを読めていないという印象を与えることになってしまう。

ADHDタイプの人の場合は、相手の状況を顧みずに報告に行ってしまって、知らずに話に割り込んでしまったりすることもある。

デスクワークであれば、仕事中ほとんどの人は、別の人と話をしているか一人で机に向かっているかになる。相手が一人でいるなら、たとえどんなに難しそうな顔をしているとしても躊躇する必要はない。伝えたいことがある場合にはそのときこそチャンスと考えて、なるべく早く時間をもらうようにしよう。

相手が多忙で本当にタイミングが取りにくい場合には、**あらかじめメールやメモ用紙などで概要を投げておいてから話しかけるチャンスを待つ**。事故など本当に緊急の用件の場合には話に割り込んでもいいから伝えたいところだが、「緊急だと思うが話に割り込むほどのことか」といった判断が難しい場合には相手に黙礼だけして概要を書いたメモ用紙を机に置いていこう。

あらかじめスケジュールを出しておき、細かい進捗の区切りを報告日にする

予定を立てないとうまく動けないタイプの場合には、**進捗報告もスケジュールに入れてあらかじめ報告する日時を決めておく**と良い。日時については、あらかじめ上司にも確認をもらっておく。

たとえば、仕事にあらかじめスケジュールを決めて進捗管理している場合には、1つの仕事でもその内容ごとに細かく進捗が区切られる。これを利用して、それぞれの進捗の最終日を報告日と決めておく。

これが予定通りにいっていてもそうでなくても、そのまま現状を伝える。進み具合を表現するのが苦手であれば、単に「未達」でも良い。仕事の最終的な締切日に「できていません」では上司も困

るが、細かく分けた進捗の中の遅れであれば対策の余地もある。
一度決めたスケジュールはとことん守ろうとする、ASDの特性が活かせる方法だ。

「1日に1回は、今の仕事の状況を上司に伝える」と決めてみる

報連相への躊躇が強い場合は、立ち話でもいいので**1日に1回は仕事の状況について上司に伝えると決めておく**と良い。たとえ順調で何事もないとしても、必ず行う。進捗に問題がなければ、「今のところ、特に問題ありません」の一言でもいい。上司が捕まらない日には、メールで送っておく。

毎日一言ずつでも状況を伝えていくことによって、報連相に感じている壁を少しずつ崩していける。遅れそうな仕事は、早めに「遅れそうです」と伝えておこう。「遅れそうです」が続くようなら上司のほうも自然に対策を考えたり、詳しく相談するよう持ちかけてくれたりするだろう。

チームで進捗や作業ファイルを共有する

この方法には会社側の協力が必要で、かつ仕事内容がパソコン上で行えるものでなければならないという制約はつくが、報連相が苦手な人には非常に効果的な方法だ。

やり方は、**会社の共有サーバか、あるいはクラウドサービスを使って、進捗の記録や仕事で作成すべきファイルはすべてこの中で管理するようにする**。ファイルは必ず共有フォルダから立ち上げ、そのまま保存する。こうしておけば本人から報告がなくても、上司

スケジュール表の例

親タスク / 子タスク	納期
HPリニューアル	6/末
HPリニューアル計画＆設計 ランディングページ計画＆設計	4/20
追加コンテンツ作成	（前半部）4/25 （後半部）6/8
リニューアル依頼（外部業者）	5/10
リニューアル・ランディングページ調整	5/10 6/9
リニューアル製作～完成（外部業者）	6/27
ランディングページ利用（利用者向け）	7/12

やチームのメンバーが進捗を確認したいと考えたらすぐにでも確認ができる。

ただし、この方法は、上司に確認の負担を押しつけてしまう方法でもある。できればまずは、自分から相談ができるやり方を模索したい。どうしても自分からの報連相が難しい場合に、このやり方をお願いして検討してもらうと良いだろう。

共有の方法は、いろいろ考えられる。社内で共有するファイルサーバがあればそれを使っても良いし、ドロップボックスやグーグルドライブで仕事用に新しいアカウントを作って上司と共有しても良い。

既にグーグルのアカウントを持っている場合は、自分のアカウントのグーグルドライブで一部のフォルダだけを他人と共有する方法がある。ここでは、この共有フォルダの設定を紹介しよう。

共有フォルダの設定方法

1 上司や同僚など、ファイルを共有したい相手にフォルダの共有について相談し、連絡を送ることを伝えておく。

2 自分のアカウントのグーグルドライブに共有用のフォルダを作成する。グーグルドライブを開き、「マイドライブ」を右クリック（❶）→「新しいフォルダ」を選択（❷）する。

3 フォルダ名を入力して（❶）、「作成」をクリック（❷）する。

4 マイドライブの下に、新しいフォルダができる。この新フォルダの上で右クリック（❶）→「共有」を選択（❷）する。

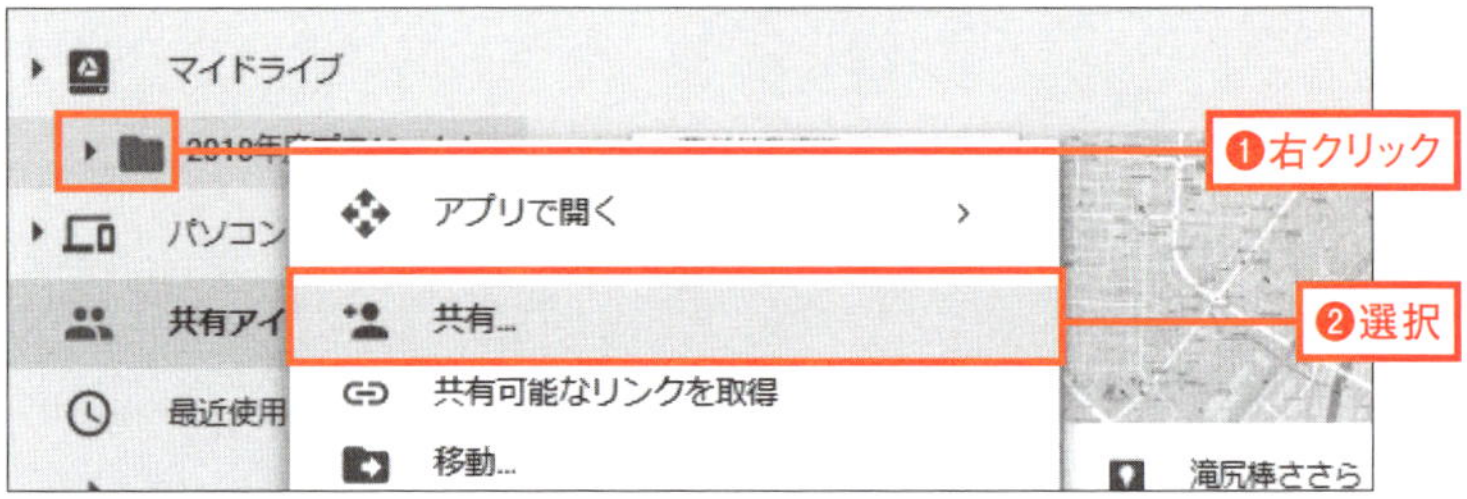

5 相手のメールアドレス（❶）と、何かメッセージがあればそれを入力（❷）して「送信」をクリック（❸）する。

memo

もし右のようなメッセージが出たら、「リンクを送信」にチェックを入れてから（❶）、「送信」をクリック（❷）する。

6 相手には、共有フォルダのリンク先がメールで送付される。「開く」をクリックすると、ブラウザで共有フォルダを開くことができる。

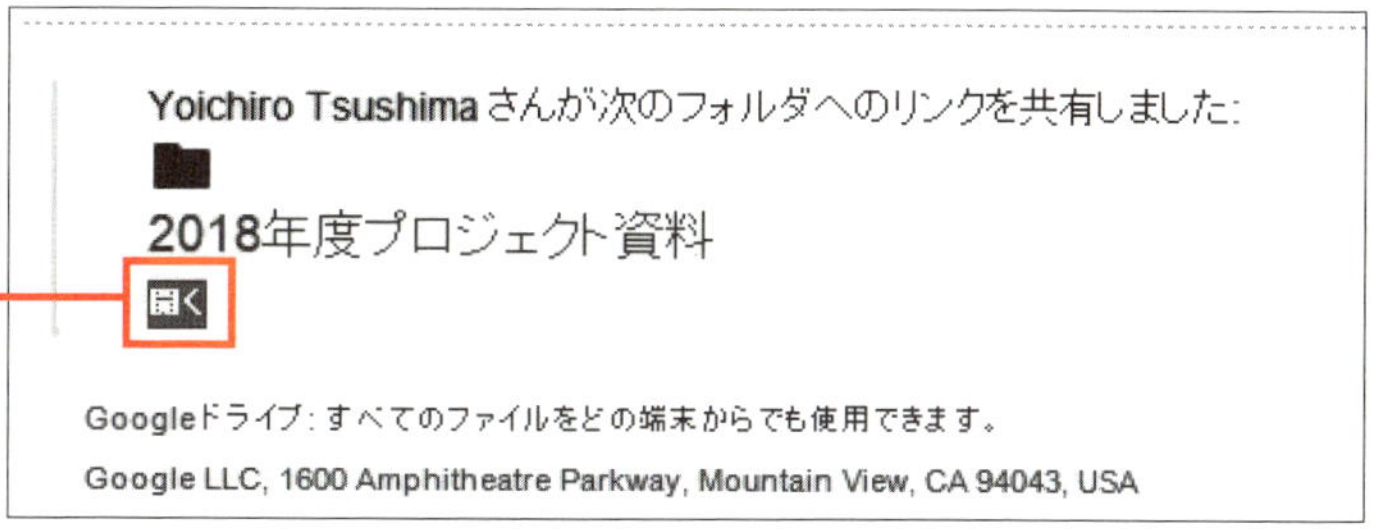

7 共有したフォルダは、お互い自由にファイルを編集したり、追加・削除を行ったりすることができる。

8 以降、この仕事に関わるファイルはすべてこのフォルダで扱うものとする。別の場所に保存しておいてアップロードするやり方だと、アップロード自体を忘れてしまう可能性がある。できれば、はじめからこのフォルダ上でファイルを管理するようにしておくと良いだろう。

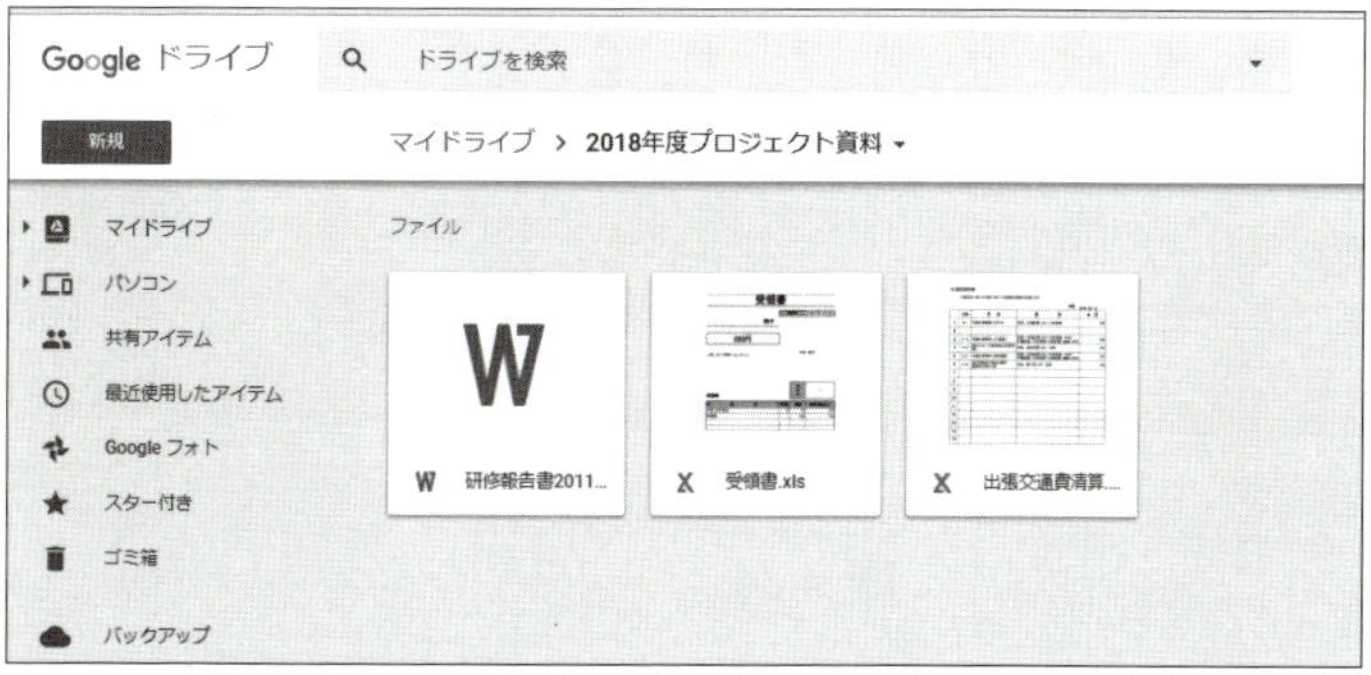

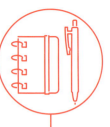

反省して謝っても許してもらえない

対策

○叱られるときの基本は、「傾聴」

事例

一生懸命謝っているのに許してもらえない。「謝れば済むと思っている」などと言われてしまう

仕事でミスをしてしまった。どう考えても、自分が悪いミス。案の定、早速上司に呼び出されて叱られてしまった。

運の悪いことに、自分の上司はお説教が長い。ミスは確かに自分が悪いのだけれど、正直時間のムダだし、その分のミスを取り返すための仕事に使ったほうがいいと思う。とはいえ、叱られている立場でそんなことを言うわけにもいかない。ここはひたすら謝るしかないだろう。

「お前なあ、何度も言っただろう」

「すみません!」

「必ず確認するように言っても、なかなかやろうとしないし……」

「すみません!　すみません!」

「いや、だからな」

「すみません!　すみません!」

「お前、ちょっといい加減にしろ!」

一生懸命謝っていたつもりなのに、かえって怒らせてしまった。その後はひたすらお説教。本当に、時間のムダだと思うんだけど……。

原因

叱られるときには、「叱られ方」がある

特にASD傾向の人には**「叱られ下手」が多い**が、同じ叱られ下手でもいくつかのパターンに分類できる。

まずは、**「ひたすら謝り通す」**パターンだ。叱られたら、謝る。

基本的に私たちは、このように習って育つ。条件と対応をセットで学びがちなASD傾向の人は、特にこの基本に忠実になりがちだ。叱られる↓謝るをセットで覚えているので、条件反射的に謝罪の言葉を繰り返してしまう。またASD傾向の脳は、もともととっさに言葉を考えるのが苦手だ。その上、怒られるときには軽度のパニックにも陥りやすい。こうなると、「すみません」「ごめんなさい」といったパターン的な言葉しか浮かばなくなってしまう。

次に、**「無口＆受け流し」**パターン。叱られるとムッと押し黙ってしまったり、あるいは「ああ、はいはい」と目を合わせず受け流そうとしたりする。「あ、はい。それより……」と無理やり別の話に切り替えようとする場合もある。この場合はどれも、いきなり叱られたことによって本人の中で一種のパニックが起きてしまっている場合が多い。頭が真っ白になって何の言葉も思い浮かばなかったり、無意識の防衛反応で無理やり場面の切替えを図っていたりするのである。また、後述する「言い訳」パターンの学習の結果、「何も言わないほうがいい」と学習してしまって無口を貫く姿勢になってしまうこともある。

一方、ADHDの場合に多いのが、説教を受けているときに**「集中を切らしてしまう」**パターンだ。飽きて貧乏ゆすりや手遊びをしてしまったり、あちこちに視線を飛ばしてしまったりする。極端になると、何か理由をつけてその場を離れようとする行動にまで至る場合もある。

最後にASD・ADHDどちらの場合にも最も多いのが、**「言い訳」**パターンだ。これは、本人としては別に言い訳をしているつもりはない場合が多い。「何でこんなことをした」と言われたから、素直に理由を説明しているだけだったりする。しかし、謝罪の言葉もなく、すぐに理由を説明してしまうことや、口調や言い回しから他人事のように感じていると誤解を受けてしまうことで、相手の感情を逆撫でしてしまう。この「言い訳」でさらに怒られた結果、「ひたすら謝り通す」パターンや「無口」パターンに移行してしまう場合もある。

叱られる際には、その後も相手

申し訳ございませんっ!!
仕様書の件

との良い人間関係を維持することを目的として、**うまく叱られるための「叱られ方」がある。**これこそ経験則で学ぶべきことだが、ASDがあると、この経験則が難しい。このためいつになっても「うまく叱られる方法」がわからず、内心でどんなに反省していても相手に伝わることなく、火に油を注ぎ続けることになってしまうのだ。

解決法 叱られるときの基本は、「傾聴」

上手な叱られ方の手順

叱られ方の基本は、実は雑談の基本と同じ**「傾聴」**である（だからこそ、雑談が苦手なASD傾向の人にとっては同じく苦手分野となる）。

これを念頭としつつ、具体的な「叱られ方」の方法を考えていこう。次のような手順でやっていけばうまくいく。

①はじめに強い叱責、注意、問い詰めなどを受けたとき、**相手が言い終えるのを待ってから「申し訳ありませんでした」と謝罪する。**語調は落ち着いて、丁寧に。現場の文化にもよるが、一般的なオフィスであれば体育会系のような元気の良い謝罪は喜ばれない。接客業など、現場によっては元気の良さが求められる場所もあるが、この場合は同僚が叱られているときの対応を参考にすると良いだろう。

②その後続く話は、**基本的に黙って聞き入れる。**話の内容には誤解と感じる点、説明を入れたい点などが出る場合もあるが、このときには（強く回答を促されない限りは）発言は不要だ。

相手の話の節目でうなずきや、「はい」といった言葉が入れられれば良いが、多すぎると逆効果になる。相手の言葉が少し途切れた間合いに入れるのが適切だ。話を聞いているときには、目線は相手の口元からあごくらいに置いておくのが良いだろう。

③相手の話が全部終わったあと、自分の言い分や誤解の訂正、ミスの理由など、どうしても説明したいときにはそれを伝える。

このときの目線は、相手の目に合わせる。ただし、「自分は悪くない」といったニュアンスが入ってしまうと逆効果になってしまうし、一方であまりに客観的すぎる説明だとかえって「他人事のよう」という印象を与えてしまう。匙加減は難しいが、次の点に気をつけて説明すると通じやすいだろう。

●ミスにやむを得ない理由や言い分がある場合

叱られ方の手順

❶相手が言い終わってから謝罪する

❷黙って相手の話を聞く

❸言い分があるときは相手の話が終わってから

❹最後にもう一度謝罪する

「本当に申し訳ありません、実は……」と、頭に謝罪をつけてから理由を話すようにする。

●相手に誤解がある場合

「本当に申し訳ありません。ただ、○○の件については少し誤解がありますので、説明させてください」と、この場合もまず頭に謝罪をつける。その上で、誤解のある部分だけ先に限定して説明を行う。

一部の誤解に対して、反射的に「誤解です！」と対応してしまうと、相手にとっては「自分のミスを全面的に認めない態度」とも取れ、さらに誤解を重ねてしまう結果となる。全体的にはミスは認めており、その部分だけに訂正があることをわかってもらうために必要な一言である。

④話が終わったら、**最後にもう一度「本当に申し訳ありませんで**

した」と深く謝罪する。

また、お説教を受けているときには、事例のような「早く終わって欲しい」という態度を見せないことが重要だ。誰にとっても、叱られるのも説教されるのも嫌なものだろう。その上仕事もたまっているとなれば、無意識のうちに時間を気にしてしまうのもわからなくはない。しかし、重ねて相手を怒らせてしまうような結果を防ぐためにも、この心情は封印する必要がある。

叱られているときに取ってはいけない行動

さらに自分では「早く終わって欲しい」などと思っていなくても、そう受け取られてしまう行動を取ってしまうことがある。

ＡＤＨＤ傾向で衝動性がある場合は、特にこの点に注意する必要がある。次に挙げる癖は、ＡＤＨＤ傾向があると平常時でも出やすいものだ。しかし叱られる場合には、特にこれらは意識して封印する努力が求められる。

●時計を見るなど、よそ見をするのはＮＧ。視線は相手のあご当たり、ややうつむき加減で固定する

あちこち視線が飛んでしまうのはＡＤＨＤに多い傾向のひとつだが、ここは意識してよそ見をするのを我慢しよう。特に、時計や携帯を見てしまうのは最悪手だ。相手と話しているときに時間を見るのは、相手には「早く終わらないかな」というサインと受け取られてしまう。

●貧乏ゆすり、手遊び、体をかくなどはＮＧ。うなずきなど以外で、基本的に体を動かさないほうが良い

ＡＤＨＤ傾向の人にとって貧乏ゆすりや手遊びは余分なストレスの排出口であり、保ちにくい集中力の持続スイッチでもある。叱られているときのストレスは誰でも高くなるので、こうした癖も出やすくなる。しかし叱る側にとっては、これらの癖は「自分の話を聞いていない」サインと受け取れるものになってしまう。

どうしても我慢できなければテーブルの下や重ねた手の内側、立っているときなら後ろ手に組んだ手など、相手から見えない場所を動かそう。

もちろん足を組む、手を組む、苦笑する、あくびをするなどの失礼と受け取られる行動は絶対に控える必要がある。

●相手が黙るまで謝り通すのもＮＧ

事例のように、相手の小言にかぶせるようにひたすら謝り通してしまうタイプもいる。自分の誠意

叱られているときのNG事項

よそ見をする

手遊びなど体を動かす

相手が黙るまで謝り通す

を表すための手段としてそうしている人もいれば、少しずるいタイプとして、相手を黙らせて説教をさっさと終わらせるためにそうしている人もいる。内心はどうあれ、この方法も良くない。そのときには相手を閉口させ、説教を短く済ませることができたとしても、相手には不満を残すこととなり、後の人間関係に響く結果となる。

謝罪の言葉は先の手順に示した通り最初と最後、あとは説明の前など、ポイントを絞って使おう。

以上に挙げたNG事例には、ASDやADHDを抱えていると何もなくても無意識に出やすい癖や行動もある。これらの癖や行動が、時に自分では思ってもいないサインを相手に送ってしまうこともあることを知っておけば、とっさの場合に自制するためのきっかけにできる。

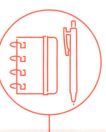

スケジュールの相談方法がわからない

対策

- 予定の入れ方をルールづけしよう
- スケジュールがかぶったときの判断基準を決めておく

事例 打ち合わせの候補日を選ぶことができない

仕事のことで、取引先に電話。

「それでは、一度お会いしてサンプルを確認させていただきます」

「はい、よろしくお願いします」

「日程ですが、候補日をいくつかメールでいただけますか？」

「あ……はい、承知しました。では、後ほど」

電話を切って、頭を抱える。しまった、今日は先に言われてしまった。この候補日を考えるというのが苦手で、いつもはこっちからお願いしていたのに。

仕方なくスケジュールを確認する。それほど予定が多いわけじゃないが、空きが多いなら多いでむしろ迷ってしまうのだ。この中で、予定が入る可能性が一番低い日がどれかがわからない。

むしろ1日しか空きがないなら、迷わなくても済むのに。いっそ相手の前でスケジュール帳を広げて、空いている中から好きに選んでくださいと言いたいくらいだ。

原因 予想や見込み、スケジュール変更の苦手

学生のうちは予定も決め打ちで押しつけられるばかりなので、素直にこれに従っておけば迷わずに済んだが、社会人になると、他の人とも交渉しつつ自分でスケジュールを決めていく必要が出てくる。しかし、**予想や見込みを立てること**は、ASD・ADHDどちらの人も苦手としやすいもののひとつだ。たとえば今やっている

メールで打診する場合の例文

株式会社○○
佐々田様

いつもお世話になっております。
株式会社□□の梶木です。

先ほどお電話いただきました打ち合わせ日程の件、
下記のいずれかの日時ではいかがでしょうか。

6／5(火)　午前中
6／6(水)　終日
6／8(金)　14〜16時

ご検討をお願いいたします。
もしご都合が合わない場合は、折り返し日程の候補をいただければ幸いです。

今後とも何卒よろしくお願いいたします。

候補日は3つ挙げる

特に時間を指定する必要がないときは大きな枠で指定する

時間を指定するときは業務時間内にする

仕事が、あと何時間くらいで終わりそうか。いつ頃なら仕事も落ち着くか。この傾向の重いタイプの人だと、こうした未来予測が必要な決めごとが難しくなる。

また、**いったん決めたスケジュールを動かすのも苦手**である。この傾向が強いと、たとえば「一人で買い物に行く予定」など別に他の日に動かして良い予定でも変更できず、大切な要件を断ってしまうような場合もある。

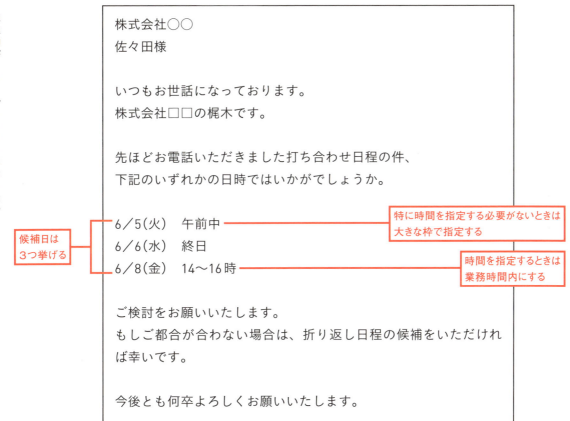

解決法　予定の入れ方をルールづけしよう

自分で自分の予定を決めていくには、**予定の入れ方、スケジュールの動かし方にあらかじめルールを定めておく**のが良い。

また、アポ取りなど他の人とスケジュールを合わせる場合には、いくつかのマナーがある。これもスケジュールを決める際には、ルールの中に入れておきたい。

スケジュール打診のマナー

こちらから候補日時を打診するときは、**できれば3つの候補を挙げる**。スケジュールが空いていても、これより多くする必要はない。

特に時間を指定する必要がないなら、「23日の午前中」とか「25日の午後」など、午前午後の大きな枠で打診して相手に都合の良い時間を決めてもらうと良い。

時間をこちらから指定する場合、特別な理由がなければ午前中なら10時〜11時、午後なら14時〜16時の間で決める（日中の仕事の場合）。一般的な会社の業務時間内で、かつ昼休みにかぶらない時刻とするためだ。

急ぎの場合を除いて、近い日時の打診は避ける。1週間以上は先の日程を挙げよう。

今の時代、メールで打ち合わせの日時を決めることも多い。そのときには、前ページのような文例で打診する。

スケジュールがかぶったときの判断基準を決めておく

プライベートより仕事を優先するのは基本だが、かといって身内の冠婚葬祭よりも日常的な業務を優先させたり、特に急ぐ仕事もないのに定時を過ぎても仕事を続けたりするのは良い選択ではない。

また、早いもの順という決め方も正しくない。あとからより重要で、日時も動かせない予定が入ってくることもあるからだ。

もちろんスケジュールがかぶらないように入れていくのが理想だが、予定が増えていけばそれも難しい場合がある。かぶってしまった場合にはどちらを優先するかを判断し、動かすと決めたほうを関係者に連絡し日程の移動をお願いするか、場合によってはキャンセルしなくてはならない。

このときには、相手が「それなら優先しても仕方ない」と納得できる理由をつけるようにする。

そこでスケジュールがかぶってしまう場合に際して、あらかじめ選択の判断基準を決めておこう。

このときの判断基準は、**日程が他に移動できる用事かどうか**だ。身内の結婚式などの日時は一度決まってしまえば、移動はできない。一方で取引先の担当者との打ち合わせであれば、日時の再設定ができるかもしれない。身内の結婚式はプライベートなことだが、取引先との打ち合わせは仕事。しかしこの場合は、日程が動かせない結婚式を優先することになる。

あらかじめ次ページの表のように優先度を決めておけば、どちらを動かす判断をするか決めやす

優先度の判断基準

優先度	用　事
A（最優先）	・家族・近い親戚・親しい友人の冠婚葬祭 ・自分・家族の重大な事情（病気・ケガなど） ・伝染被害の大きい病気療養
B	・スケジュールが空いていた日にあらかじめ有休申請した上での、友人・家族との大事な約束 ・業務の締切り、大事な会議
C	・社外の人・お客様との仕事の約束 ・重大ではないが緊急な家族の事情
D	・定期的な通勤 ・定例的な会議
E	・一人で出かける予定 ・家で趣味のことをやる予定 ・友人の急な遊びの誘い
考慮不要	今は何もないが、もしかしたら何か予定が入るかもしれない

い。ただし優先しないからといって切り捨てて良いものではない。関係者に連絡し、フォローや日程の変更を求めるプロセスが必要だ。

判断基準を決めることで、スケジュールを入れることへの不安を解消する

未来の見通しが苦手なASDの場合、スケジュールが空いていてもそこに何かの予定を入れることに強い不安を覚える。

「何か急な事情で、予定を守れないことがあるかもしれない」「あとでもっと大事な用事が入ってしまうかもしれない」という可能性まで考えて、予定を入れることを躊躇してしまう。

予定は動かせるものであると考え、そのルールを自分の中でしっかり決めておくことで、スケジュールを入れることへの恐怖を解消させていくことができる。

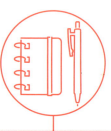

悪意はないのに相手の気分を害してしまう

対策

○会話中にやるべきこととNGになることを知っておく

事例

普通に話しているつもりなのに相手を怒らせたり、「失礼だ」と言われてしまう

自分では何も悪いことを言っているつもりはないのに、相手の気分を損なってしまうことが多い。仕事の相談をしているときに、「お前のために話しているのに、何で他人事みたいな態度なんだ」といきなり怒られたこともある。

どこで相手を怒らせてしまうのかわからない。

原因

障害によって出やすい癖や特徴が、コミュニケーションの阻害になってしまう

ASDやADHDを抱えていると現れやすい、いくつかの癖や特徴がある。たとえばADHDなら、**貧乏ゆすりや手遊びなどの多動**、ASDであれば**目線が合わなかったり、声が大きすぎたり小さすぎたりする**。これらの特徴が仕事のやりとりで現れれば、すべて相手に悪印象を与える結果になってしまう。

また、ASDは社会性の低さから、ADHDは衝動性から、**一般に他人の前ですると失礼に当たる行動をしてしまうことがある**。たとえばあくびや頬づえ、手で口を覆わずに咳やくしゃみをしてしまうなどだ。

また、仕事の話であってもただ情報を伝えればいいわけではない。報連相も人間同士のコミュニケーションであり、そこにはやはり相手の気持ちをおもんばかった表現が必要になる。**相手の気持ちをくみ取るのが苦手**なASDにとっては、これもまた仕事のやりとりに困難を生じさせる原因となってしまうのだ。

ADHDの場合も、その率直な物言いから、相手の気分を害してしまう場合がある。

解決法 会話中にやるべきことNGになることを知っておこう

相手の気分を害さないためには、**仕事の会話をする上での暗黙のルールを知っておくこと**が重要だ。意識し、守っていくにはそれなりの我慢や努力が必要になってしまうが、知らなければそもそも努力の仕方もわからなくなる。

以下に会話中に意識すべきことと、NGになってしまうことを挙げる。すべてを紹介はできないが、比較的意識しやすいこと、出やすい癖を中心に挙げていく。

仕事の会話時に意識すべきこと

●話しかけられたら「はい」と返事をして体ごと相手のほうを向く

自分の名前を呼ばれて話しかけられたら、まずは「はい」と返事をする。それから相手のほうを向くが、このときには顔だけでなく、できる限り体の正面を相手に向けるようにしよう。また、座っているときに上司やお客様などの立場が上の人に話しかけられたときには立ち上がるようにしよう。

●誰かを呼びかける声がしたら、取りあえず声がしたほうを向く

名前を呼ばれていなくても誰かを呼びかける声がしたら、取りあえずそちらに顔を向けよう。相手がこちらを見ているなら、自分に対しての呼びかけということだ。

●自分が呼びかける場合には、まずは相手の名前で

とはいえ直接名前を呼ばれなければ、わかりにくいのは間違いない。自分が誰かに呼びかけるときには、まずは「すみません、○○さん」と名前で呼びかけるようにしよう。

●用件はいきなり切り出さず、相手の都合を確認してから話し始める

「今よろしいですか」と尋ね、相手の了解を得てから用件を話し始める。急ぎの場合には、「緊急なのですが、今よろしいですか」とつけ加える。

もし、「今ちょっと……」と言われたら、「わかりました。ではまたあとで」といったん下がる。あとはチャンスを見て再度話しかけても良いし、メールなどで送っておいても良い。

●「ありがとうございます」や「申し訳ありません」をつける

仕事のフォローやアドバイスをもらったときには、「ありがとうございます」。注意を受けたあとや、うまくいっていないとき、手伝ってもらいたいときの相談時には「申し訳ありません」。これを意識することで、「他人事」感はだいぶ薄れてくる。

●最後まで言い切る

特に言いにくいことについて、語尾を濁すような言い方はやめよう。たとえば、具合が悪くなって早退したいときに、「すみません、ちょっと具合が悪くなりまして……」といった言い方がそうだ。この場合は、「すみません、ちょっと具合が悪くなりまして。本日は急ぎの仕事もないので、お許しをいただければ午後早退させてください」と、何をお願いしたいのかはっきり伝えること。

仕事の会話時のNG事項

●うなずきやボディランゲージなどの会話に必要なもの以外の、余分な体の動き

あくび、手遊び、頬づえ、貧乏ゆすりなどの行動は、相手に「会話に集中していない」という印象を与えてしまう。くしゃみなどの場合は手で口を押さえ、「失礼しました」と謝罪する。

●相手と視線を合わさない。そっぽを向いている

話をするときは、相手の顔に目を向ける。相手の目を見るとにらんだり凝視しているような印象を与えてしまう場合は、相手の額や口元に視線を置こう。

●話の流れを断ち切るような行動をしたり、話の途中にまったく違う話題を切り出したりする

たとえば仕事の話の最中に、いきなり「糸くずがついています」と上司の肩に手を伸ばすような行為は、たとえ親切心でやったことでも失礼に当たる。話の最中は、その話の内容に集中しよう。

●社内の仕事への評価・批評

同僚や上司の仕事への評価、批評に取られる言葉は避ける。意外かもしれないが、自分の仕事への悪い評価も良くない。他人事でいっているような印象を与え、仕事に真剣に向き合っていないようなイメージで見られてしまう場合がある。また、間接的に一緒に仕事をした人をけなしてしまうことにもなり得るのだ。管理職で部下の評価をしなくてはならない場合や、業務命令で自己評価を出すときなどはもちろん別だが、必要のないときに仕事の評価を口に出すことはやめよう。

仕事の会話時に意識すべき6つのこと

話しかけられたら相手のほうを向く

誰かを呼びかける声がしたら、声がしたほうを向く

呼びかけるときは、
まずは相手の名前を唱える

相手の都合を確認してから話しかける

「ありがとうございます」や
「申し訳ありません」をつける

最後まで言い切る

会話時にやってはいけないこと

余分な体の動き

相手と視線を合わさない

話の流れを断ち切るような行動

社内の仕事への評価・批評

第5章

会議などの1対多のコミュニケーションをうまく取りたい

会議・雑談

うまくやれていた人がつまずきやすいのが会議や打ち合わせだ。1対多のコミュニケーションはASD・ADHDどちらも、苦手な要素が詰まっている。自分にとって会議の何が苦手なのかを分析して、その対策を見つけていこう。

大勢で話されると、それぞれが何を言っているかわからない

対策

○会議前後のフォローが重要

事例 会議の流れについていけない

会議が苦手だ。

うちの会社は会議が多く、みんなが結構活発に意見を出すのだが、そのためか誰が何を言っているのかわからなくなってしまう。今、何の話をしているのかもわからないし、そのうち気分も悪くなってきてしまう。もちろん自分の意見を出す余裕なんかない。もういっそ、決まったことだけ教えてもらえないだろうか。

原因 ASDに多い聴覚過敏

大勢の人が話していると、それぞれの声を聴き分けられなくなってしまう。その状態が続くと、やがて体調も悪くなってきてしまう。

こうした症状の理由として考えられるのが、ASDを抱える人に多い**聴覚過敏**だ。

人の脳には、今必要としていない音を意識させずに必要な音だけをクローズアップする機能がある。

しかしASD傾向の脳は、この仕事が苦手だ。結果、すべての音が一度に耳に入ってきて必要な音の聞き分けがうまくできなかったり、あるいはできても非常に脳に負担がかかったりする。そのまま音の多い環境に居続けると、負担から強い疲労を感じるといった身体的な影響も出てくる。

ADHDでも、**集中することが苦手**なことから人の意見を聞き逃し、そのまま会議の流れも見失ってしまう場合がある。

解決法　会議前後のフォローが重要

この問題は、聴覚過敏の重さによって取るべき対策は異なってくる。本当に多数での話し合いが不可能なら、きちんと会社に相談して対策を話し合うべきだろう。それこそ、事前に必要な資料や意見を提出するだけで会議には出席せず、結果だけを連絡してもらうといった対応もお願いできるかもしれない。

努力すれば話は聞き取れるが、ややつらい、自分の意見を出せるほどの余裕がない、こういった段階であれば、工夫次第で状況を改善できる可能性はある。

座席図の記入例

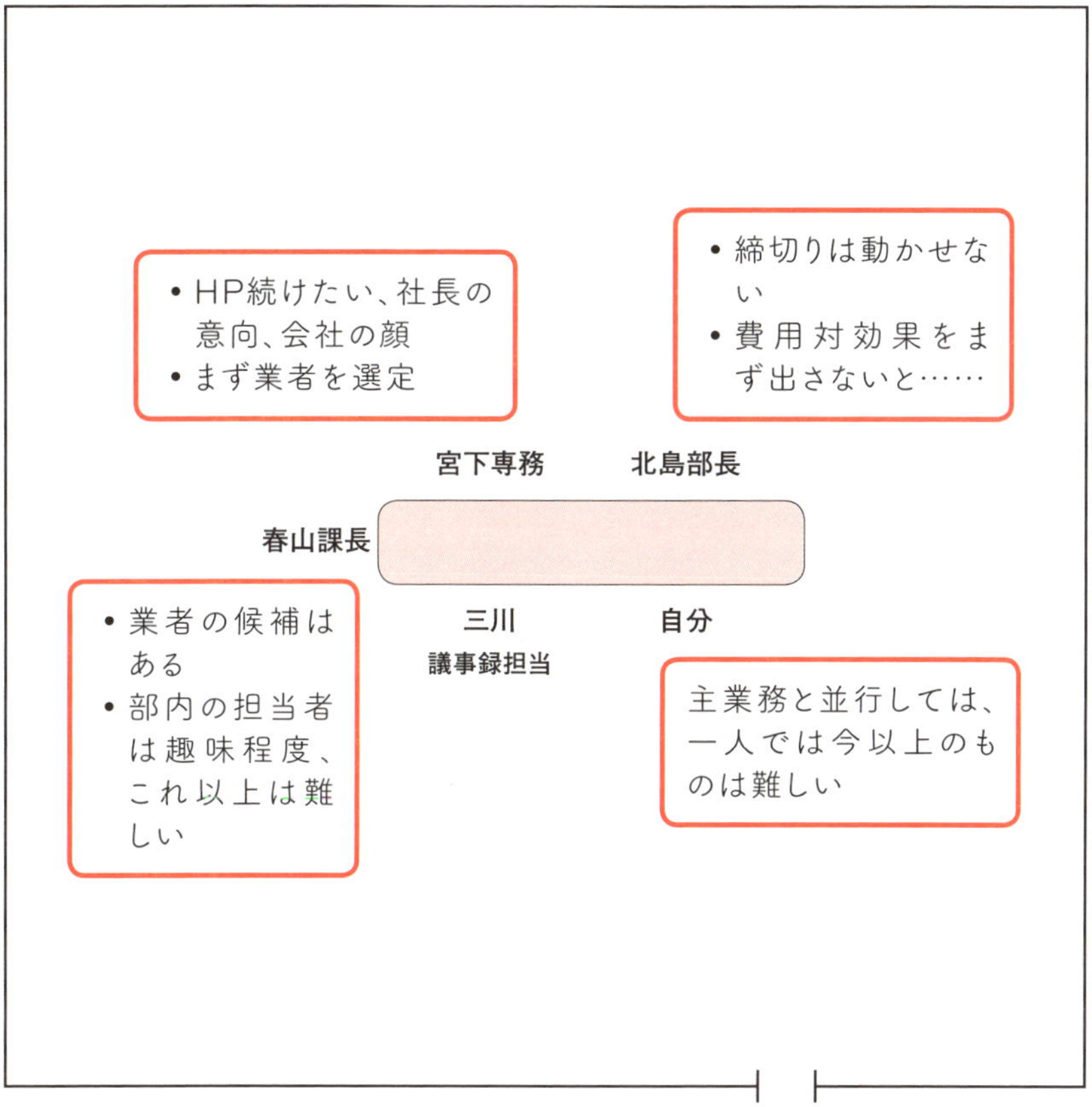

・HP続けたい、社長の意向、会社の顔
・まず業者を選定
・締切りは動かせない
・費用対効果をまず出さないと……
宮下専務
北島部長
春山課長
三川
議事録担当
自分
・業者の候補はある
・部内の担当者は趣味程度、これ以上は難しい
主業務と並行しては、一人では今以上のものは難しい

会議前に、わかっていることをすべて書き出して自分用の資料を作成する

たとえば会議の出席者や、会議のテーマ、自分の発表内容や、確認すべき事項など、**会議について事前にわかっていることは、すべて書き出しておく**。書き出す項目は完全に覚えていて、わざわざ書き出す必要もないことも含めてだ。

資料に書き出しておくのは覚えておくためでなく、忘れても構わないようにである。その分、脳のリソースを空けておき、新しい情報に使えるようにするためだ。自分の発表内容などは、そのまま読めば良い資料を用意しておきたい。いちいち表現の言葉を探す手間を減らすだけでも、脳への負担を減らすことができる。書き出す項目は、次ページの通りだ。

座席図を用意し、出席者の顔・名前・発言をひもづけやすくする

あらかじめ席が決められているなら、前ページのように**事前に座席図を用意しておく**。そうでなければ図だけ用意し、出席者が着席したら名前を書き込んでいく。

「同僚や上司の名前くらい覚えているよ！」と思うかもしれないが、これもまた脳をラクにするための工夫だ。図の名前と出席者の顔を目で見てひもづけやすくすることで、発言内容と発言者の名前もまた、頭の中で結びつきやすくする。

少し大きめの用紙に座席図を描いて、そのままそれをメモ用紙に使っても良い。図上の名前の近くにメモすることで、誰が何の発言をしたのかをわかりやすく記しておくことができる。

誰かの発言時には、その人の口を見る

発言する人がいたら、**その人の口を見る**ようにしよう。声の発信源を見ることで、距離感をつかむことができ、比較的声の選別もやりやすくなる。ADHD傾向の人にとっても、意識して視線を固定することでその人の話に集中できるようになる。

議事録が配布されたら、必ず目を通す

会議で決まったことを端的に知るには、**議事録を読むのが一番**だ。もし議事録に覚えのない情報があったり、逆に必要な情報が記されていなかったりした場合には、必ず会議の出席者に質問・確認しておこう。「ちゃんと聞いていなかったのか」と注意を受けてしまうかもしれないが、重要な情報をスルーしてあとで問題になるよりは格段にマシだ。

質問する際には「申し訳ありません」、教えてもらったら「ありがとうございます」を忘れずに。下手に言い訳をしないことで、「聞き逃しはするけど、真面目」という印象を築いていくことを目指そう。

また、そのときには**メモ帳を忘れずに持っていこう**。これは、記憶力に自信があったとしてもだ。同じことは二度聞かないよう心がけるとともに、その姿勢を相手にも見せることが必要なのだ。

事前資料作例

❶ 3/8(水)　公式HPのリニューアルについて

目的：アクセスアップ→集客力の向上 ❷
日時：3/8(水)　10：30〜
場所：本社会議室 ❸
出席者：宮下専務、北島部長、春山課長、三川 ❹

❺ 事前情報：
・公式HPのアクセスが右肩下がり
・現状のHPの費用対効果がわからない

事前準備物： ❻
会議告知メールを印刷

❼ TODO：
・自分の担当タスクを確認

確認事項： ❽
・自分の担当タスク
　→多分、業者選定からの実務担当？
　　・締切り⇒質問（だいたいの期間）
　　・予算⇒質問（あとでいい？）

❶日時・議題を記入する
❷それが何を話し合うため、あるいは何を決めるための会議なのかを書いておく。特定の目的がない定例的な会議であれば、「定例報告」と書いておく
❸自社・他社だけでなく、可能ならどの部屋で行われるのかも記しておく
❹出席する予定の人をわかるだけ書いておく。実際に会議が始まったあと、抜けがあったらつけ加えておく
❺その会議が開かれるきっかけとなる案件や仕事の内容など
❻会議資料や発表の台本など
❼その会議で、自分がやらなければならないこと。発表などの予定がなくても、「自分の担当タスクの確認」などを入れておく。定例の会議であっても、そこで何らかの業務が発生し得る可能性はある
❽その会議で、自分が特に確認しておくべき必要のあること。自分の仕事に関係する情報が主になる

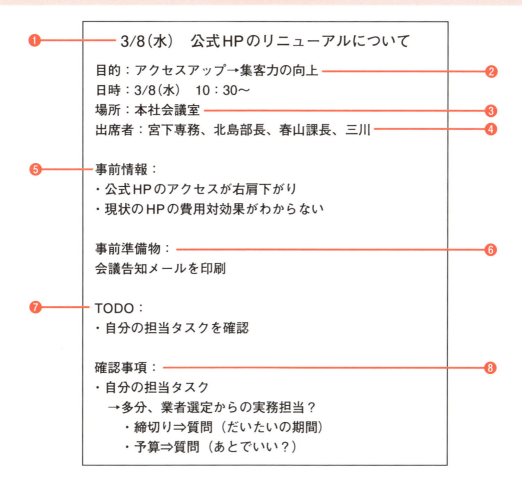

正しいと思う意見を言っているだけなのに、周囲の反応が良くない

対策

- 自分の立場で求めるべき「正しさ」は何かを考える
- 自分の担当する仕事の中での意見を意識する
- 「どこ」に問題があるかを明確にして、解決方法を探る
- 一度結論の出たことは蒸し返さない

事例 正論を言っているのに周りの人はあきれ顔

我ながら仕事の分野についてはよく勉強していると思うし、専門の本もよく読んでいるから知識も豊富だと思う。会議などでも積極的に意見を出しているのだが、なぜか周りの反応は良くない。

「だから、B案のデザインのほうがいいですって。専門誌でも、来年の流行色は紫と予測しています。A案は古いですよ」

「それはもう終わった話だろ？　お客さんがA案で行きたいと言っているんだから、言われた通りに作るのがこっちの仕事じゃないか」

「だったら、何でデザインの検討からウチが入っているんです？　今からでも、先方に提案してみればいいじゃないですか」

「だったら、お前がやれよ」

「それは僕の仕事じゃないです」

そう言うと、課長たちはあきれたようにため息をついて、僕の意見がなかったかのように「もう他に意見はないかな？」と周りを見回して議題を先に進めてしまった。

専門誌の情報も、先方との交渉が自分の仕事じゃないのも本当のことだ。自分は正論を言っているのに、いつもこうして取り上げてもらえないのは本当に納得がいかない。

原因 順位が明確にならない判断基準の難しさ

ルールや正論へのこだわりは、ASD傾向の人に多い特徴だ。その理由としては、**空気を読んだ**

り、その場その場で自己判断をしたりが苦手なことが考えられる。不確定なことに大きな不安を覚える人にとっては、「これが正しい」と明確に示せるものは生きていくための指針になる。それを崩されることへの不安は、他人にはわからない大きなものだ。

しかし、そのこだわりは「どちらもそれぞれ正しい点がある」という状況を受け入れることを難しくしてしまっている場合がある。

特にASDの場合は興味や焦点の偏りから、「人それぞれに立場や考え方がある」という**視点の多様性を認識（あるいは実感）できなくなる**場合がある。「相手の視点で見れば、別の事実があるのかもしれない」ということが想像できないために他者の見解が一方的な誤りに思え、違う意見を尊重できなくなってしまうのである。

この傾向は自分の頑固さだけでなく、不必要な従順さとして現れてしまう場合もある。自分の考えが確立していない分野で、相手から強硬に「これが正しい」と言い立てられると、「本当に相手が正しいのかも……」と考えてしまい、明らかにおかしいことにも従ってしまう。頑固な性格と思われていたのに、詐欺にあっさり引っかかってしまい不思議がられるというパターンもある。

まずはそれぞれが考える正しさがあり、その事実を受け入れることが克服の一歩となる。

解決法

いろいろな「正しさ」がある中で、自分の立場で求めるべき「正しさ」は何かを考える

ASDやADHDを原因とするこだわりからの脱却を図るには、まずは**それぞれの考えに正しさがあることを受け入れる**必要がある。

とはいえ、「人それぞれだから」で今度は自分の意見が出せなくな

Column

仕事の悩みを相談するには

仕事に関わる相談は、各地域の就労支援センターや障害者就業・生活支援センターで行うことができる。

就労支援センター（就労援助センター）や障害者就業・生活支援センター（通称：中ポツセンター）は、就職を考えている障害者、既に就職をしているが悩みを抱えている障害者の相談を受けつけてくれる機関だ。直接職業訓練や仕事の斡旋をしてくれるわけではないが、仕事に関わることのさまざまな相談を受け、アドバイスに加えて、適した制度や情報も紹介してくれる。国や自治体では障害者向けのさまざまな就職支援のサービスを行っているが、一般の人はそもそもその存在を知らないことが多い。こうしたサービスの情報をいち早く受け取ることができるのも、支援センターを利用することの強みになる。

もし失職中で「職業訓練を受けたい」「制度を使った就職をしたい」と考えている場合も、ここで相談すれば情報をもらうことができる。

ってしまった、というのでは意味がない。

そこで会議で意見を出す場合には、**「自分の立ち位置」**と**「タイミング」**という2つの条件を意識する。企業において役割分担を行っている理由のひとつには、それぞれの立場から多角的に意見を集約するためという意味もある。それぞれの立場の人が自分の責任の範囲で意見を出し、一度決まったことは全体の方針として受け入れて仕事を始めるための過程が会議だ。

事例の人物の意見が周りから受け入れられなかったのは、意見の内容が本人が担当している仕事内容と関わりのなかったこと、既に一度決まったことに異論を唱えてこれを覆そうとしたことに理由がある。

まず、自分の担当する仕事の中での意見を意識しよう

意見を出す上でまず考えるのは、**その仕事における自分の立ち位置**だ。たとえば、その仕事が会社の利益になるかどうかを判断し、GOサインを出すのは経営陣の仕事だ。仕事の内容や進め方が企業のルール、コンプライアンスに沿ったものであるかどうかは法務部門などが判断する。技術部門や製造部門は、請け負った仕事をどうやれば完成させられるかを考える。

自分がデザイナーであれば、期待される意見はどんなデザインなら依頼者に満足してもらえるかというものだ。しかし、あなたが製造部門なら、それがいいデザインであることは認めつつも「このデザインのままで実際に商品を作ることは不可能だ」と意見を述べる必要があるかもしれない。あなたがコンプライアンスを守る立場なら、「このデザインはこの部分が安全基準に違反している」と言わなければならないかもしれない。

自分の仕事の範囲の中で、最高と思える意見を出す。あとの問題は、それぞれの専門家を信頼して良い。

「どこ」に問題があるかを明確にして、解決方法を探る

それぞれの立場で意見を出して、それがうまく噛み合う場合もあれば、どうしても並び立たない場合もある。会議で意見が噛み合わないときに大切なのは、「勝つ」ことではない。お互いの「なぜその案なのか」「なぜ反対なのか」を明らかにして、より良い方法を探すことだ。

その準備として会議で自分の意

見を出す際には、**会議前に意見の内容と「なぜその案なのか」という理由を考えメモ書きしておきたい**。会議の中で意見を思いついた場合にもいきなり手を挙げるのではなく、まずその理由をメモ帳で文章にしておこう。

そして意見を述べる際には、「私は○○すべきと考えます。なぜなら〜」と、結論→理由の順で発言する。

たとえば、「ある製品を値下げして売れないか」と経営陣から提案があったとする。自分がその意見に反対するとすれば、「使っている部品の一部が高価で、これ以上のコストダウンは難しい」という明確な理由を説明する必要がある。

そうすれば経営陣は、無闇に反対しているわけではなく、「部品の一部が高価」という点に課題があることを理解できる。「では、同じ性能でより安価な部品を探して値下げを実現しよう」と、どちらにも納得できる解決方法が見つかるかもしれない。

大事なのは自分の「結論」を通そうとするのではなく、「問題点」を明らかにして皆に解決方法を考えてもらうことだ。

場合によっては、どうやってもどちらかの問題点が残ってしまう案件もあるかもしれない。この場合、どちらを優先させるかを考えるのも、会議で行われるべきもののひとつになる。

一度結論の出たことは蒸し返さない

会議においてせっかく出した自分の意見が通らないこともあるし、一度結論の出たことにあとから良いアイデアが浮かぶこともある。それでも、**一度皆で結論を出したことは基本的に蒸し返さない**ことが重要だ。

誰でもやってみる前から100%の意見など出しようもなく、限られた時間の中でより良い方法を探っていくしかない。だから一度決まったことにそれぞれで思うところはあっても、それは飲み込んで全体の方針として守っていくことが必要だ。あとで良いアイデアが思い浮かんだからといっていちいちひっくり返していては、仕事がいつまで経っても進まなくなってしまう。チームでやるからには、どうしても1つの方針を決めて実行する必要がある。

終わってみて仮に失敗だったとしても、「だから言ったのに」と口にするのも禁句だ。自分個人の意見とチームの結論が仮に180度違っていたとしても、一度結論を出したからには「自分たちの方針」として責任を受け入れる姿勢が必要なのである。

会議中にいろいろなことが気になって、議題に集中できない

対策

○「自分に関係あること」に集中力を絞る
○議事録をプロジェクターで投影してもらう
○音声認識ソフトで会話の流れを文章化

事例 会議中、いろいろなものに目がいってしまい意見が頭に入ってこない

とにかく会議が苦手で仕方がない。誰かが意見を述べているときにも、「あっ、Aさんちょっと髪が跳ねてる」などと気づいたりすると、もうそっちに意識がいってしまって、肝心の意見は何も記憶に残っていない。わざとやっているわけでも、会議を退屈に感じているわけでも全然ないんだけど、目が自動的にいろいろなものを拾ってきてしまって全然議論に集中できなくなってしまう。

とうとう何もわからないままに会議が終わってしまったと思ったら、とどめに部長から「各自レポートを提出な」。会議の内容なんて、何ひとつ頭に残ってないのに！

原因 ADHDの衝動性、ASDの情報選択の苦手

ADHDには興味のあることなら度を超えて集中し続けられる一方で、**興味の持てないことに集中することが非常に難しい**という性質がある。この「興味の持てない」判定は非常に厳しく、自分の義務で本当に集中しなければまずいことであってさえ外れてしまうことがある。こうなると今度は、ADHDの衝動性に引っ張られやすくなる。会議中、視界の端にとどまった本当にどうでもいいものにも意識がいってしまって、肝心の話題は右から左ということも少なくない。

ASDの場合は、**自分にとっ**

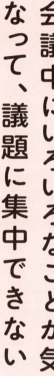

て重要な情報を自動的に分別する力が弱いために、いっぺんにいろいろな人が喋ったりするという状況に極めて弱い。それぞれの言うことがまったく聞き取れなかったり、言葉は聞き取れてもそれを頭の中で整理するのが追いつかずに混乱したりする。ある程度聞き取る力がある場合でも、脳が酷使されて疲れきってしまったり、気分を悪くしてしまったりする。人ごみの喧騒で体調を崩しやすいタイプの人なども、これが原因の場合がある。

解決法 脳への負荷をできる限り下げる

基本的な対策は、「大勢で話されると、それぞれが何を言っているかわからない」の項目と同じだ。**あらかじめわかっていることを書き出しておき、覚えておかなければならないことを少なくして脳の負荷を下げる。**ICレコーダーが使えるなら、録音しておいて聞き逃しを防ぐ。

今話している人の口元に意識して視点を集中するのも、ASD・ADHDどちらの問題にも効果的だ。ASDの場合は唇の動きと連携して、言葉を聞くことで、苦手な聴覚からの情報を視覚で補い「その人の言葉」を意識しやすくできる。ADHDの場合も視点を意識的に固定することで、別のものに意識を奪われることを防ぐことができる。

「自分に関係あること」に集中力を絞る

長い会議時間の最初から最後まで集中し続けるのは、発達障害に関係なく誰にとっても難しい。ではどうするかといえば、**自分に関係のある話題にピンポイントで集中力を使うようにする**のだ。議事録係でもない限りは、会議

Column

同じ悩みを抱えている人と話をしてみる

同じ悩みを抱えている人と話をしたいという人のために、各地に当事者会が設立されている。「発達障害当事者会」で検索すると各地の情報が出てくるので、最寄りの当事者会に連絡を取ってみよう。また、発達障害支援センターで相談してみても良い。

東京近隣でなければ利用は難しいかもしれないが、新宿には当事者のための常設スペースも運営されている。

Necco
https://neccocafe.com/

常設でカフェも運営されているため、「事前の連絡」といったことが苦手な人でも気軽に足を運びやすい。あらかじめ、開店時間や休業日などを調べて行くのが良いだろう。

の内容を完全に記憶・記録する必要などはない。大事なことは会議の中から、自分個人の仕事に関係した情報を拾い出すことだ。

とはいえ、それが簡単にできるならもともと苦労はない。そこで、「大勢で話されると、それぞれが何を言っているかわからない」の項目で紹介した事前作成の資料が活きてくる。

資料の中に、**自分の担当の仕事に関係した情報を特に詳しく入れ込んでいく**。具体的には、次のような内容だ。

- 自分の担当している業務内容
- 同じ場所を担当しているチームメンバー
- 業務のスケジュール
- 業務の進捗状況
- 現状の課題、問題点
- 要望、確認事項など

資料の具体例

担当業務：2018年度新入社員研修運営

メンバー：馬場（リーダー）、猿谷、石澤

スケジュール：

　研修日程　2018/4/3〜2018/4/26（18日間）

　人数の確定　〜2017/9/1

　研修プログラム確認（株式会社××様）→

　先方に日程確認

　研修会場の選定　〜2017/9末

現状の課題：

　研修会場→昨年の池袋貸し会議室は使用不可。再選定の必要。条件は？

確認事項：

　内定者人数の確認→人事部浅野さん

　研修会場の要望確認→人数確認＆荒木部長

自分の業務に関係しそうなキーワードもなるべく書き出しておく。これらのキーワードや自分の名前、メンバーの名前が話題にのぼれば、それをスイッチとして集中するようにする。あらかじめ必要な情報をまとめておくことで、いきなり話を振られても安心できるという効果もある。

この方法は、集中のスイッチがオフになっているときでも、ある程度は話題に意識を傾けておかないとキーワードに気づけないという弱点もある。完全な集中を100とすれば、30から40くらいは意識をとどめておく必要がある。

ASDでもADHDでも、集中の度合いをコントロールできず0か100かになってしまう人が多い。慣れた仕事でも毎日ぐったり疲れてしまったり、デスクワークで頭痛や眼の痛みが頻発したりするようなら、このタイプに当てはまるかもしれない。このタイプの人はできれば、少しずつでも出力の調整ができるようにしていきたい。まずは50の状態が意識できるようにしてみよう。

議事録をプロジェクターで投影してもらう

会議では多くの人たちが、さまざまな方向から話をする。これがASDの人にとっては会話の流れの理解を妨げ、ADHDの人にとっては集中が移ってしまうきっかけとなってしまう。

会議参加者に協力してもらえることが前提であるが、もし誰かがパソコンで議事録を取っているのであれば、このパソコンをプロジェクターでつないでもらう。そして**リアルタイムで記録されている議事録を、そのまま投影してもらう**と良いだろう。

会議中は、ずっと投影されている議事録に集中してさえいれば良い。少し集中を乱してしまって、話の内容を取りこぼしてしまったとしても、映された議事録の内容を読めば確認ができる。

特に視覚優位の強いタイプのASDであれば、声で聴くよりもずっとラクに会議の流れに乗っていけるはずだ。

音声認識ソフトで会話の流れを文章化する

プロジェクター投影をお願いするのも難しいような状況で、しかし自分のパソコンの持ち込みが可能なら、自分で議事録を取っていくのも方法のひとつではある。パソコンの画面に集中することで、ある程度は移り気対策にもなる。

しかしタイピングがあまり早くない、聴覚過敏で聞き取る力に自信がないなどの理由でそれも難しい場合は、**音声認識を補助に使ってみる**のはどうだろうか。

第2章ではスマホ用の音声入力アプリを紹介したが、指示受け時にこっそり持っているならともかく会議中にスマホをいじっているのは難しい、という事情も考えられる。

そこでここでは、ウィンドウズでも利用できる音声入力ソフトを紹介しよう。

ここで用いるのは、グーグルで提供されているブラウザ用の文書作成アプリ、グーグルドキュメントだ。まず、パソコンにはGoogleChromeがインストールされている必要がある。また、グーグルのアカウントも必要になる。自分のスマホのアカウントでも良いし、別に仕事用のアカウントを取得しても良いだろう。

アカウントを取得し、Google Chromeを開いたらあとは次ページの手順でやれば良い。

多少の取りこぼしや誤変換も生じ完璧ではないものの、音声認識の精度はかなり良い。会話の流れを追う程度であれば、十分に実用に耐える。

なお、ノートパソコンの内蔵マイクでもパソコンの前で話す分には十分声を拾ってくれるようだが、会議室の会話全体を記録するとなると厳しい。あらかじめ、ボイスチャット用などのマイクを利用しておくのが良いだろう。マイクは、パソコンのマイク端子につなげられるミニプラグのコネクターのものであれば基本何でもいい。「ボイスチャット　マイク」で検索すれば複数の商品が見つかる。

いきなり本番で試すのではなく、あらかじめマイクをつないでテストし、感度を確かめてから利用するようにしよう。

グーグルドキュメントを利用した音声入力の手順

1 グーグルのスタートページから、アプリのスタートボタンをクリックする

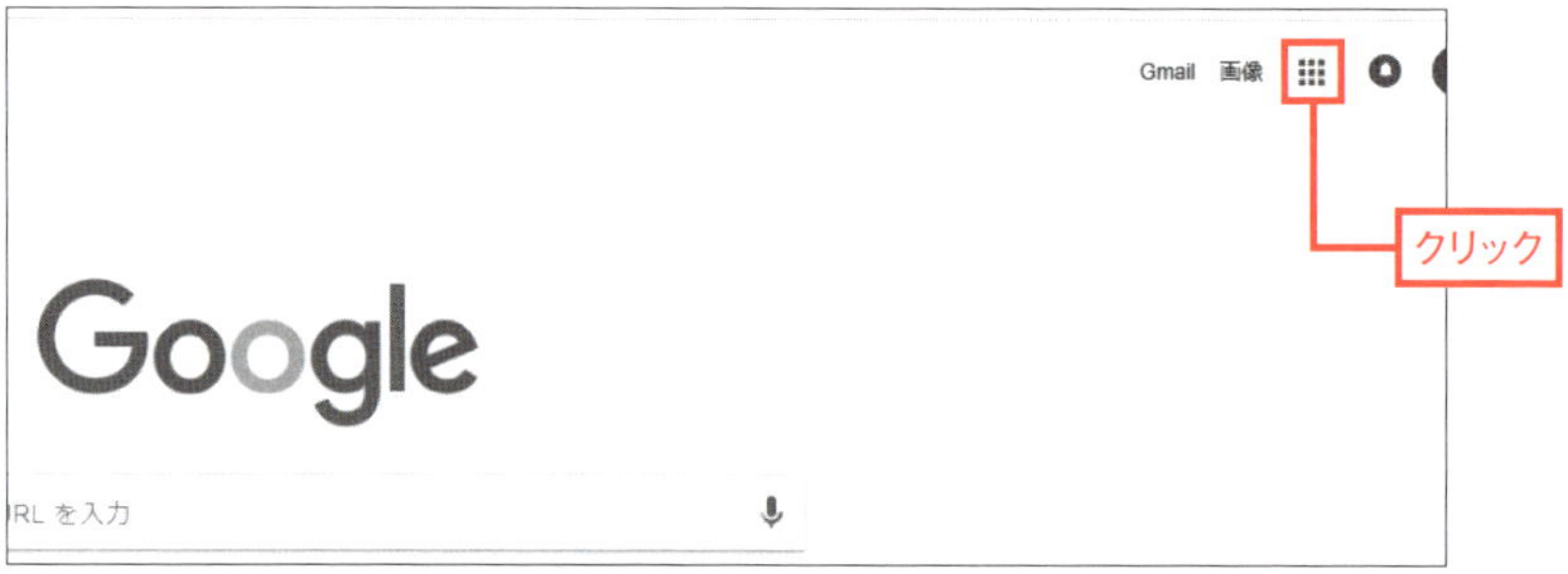

2 「ドライブ」をクリックして、グーグルドライブを呼び出す。

3 グーグルドライブの画面から、「新規」（❶）→「Googleドキュメント」（❷）を選択する。

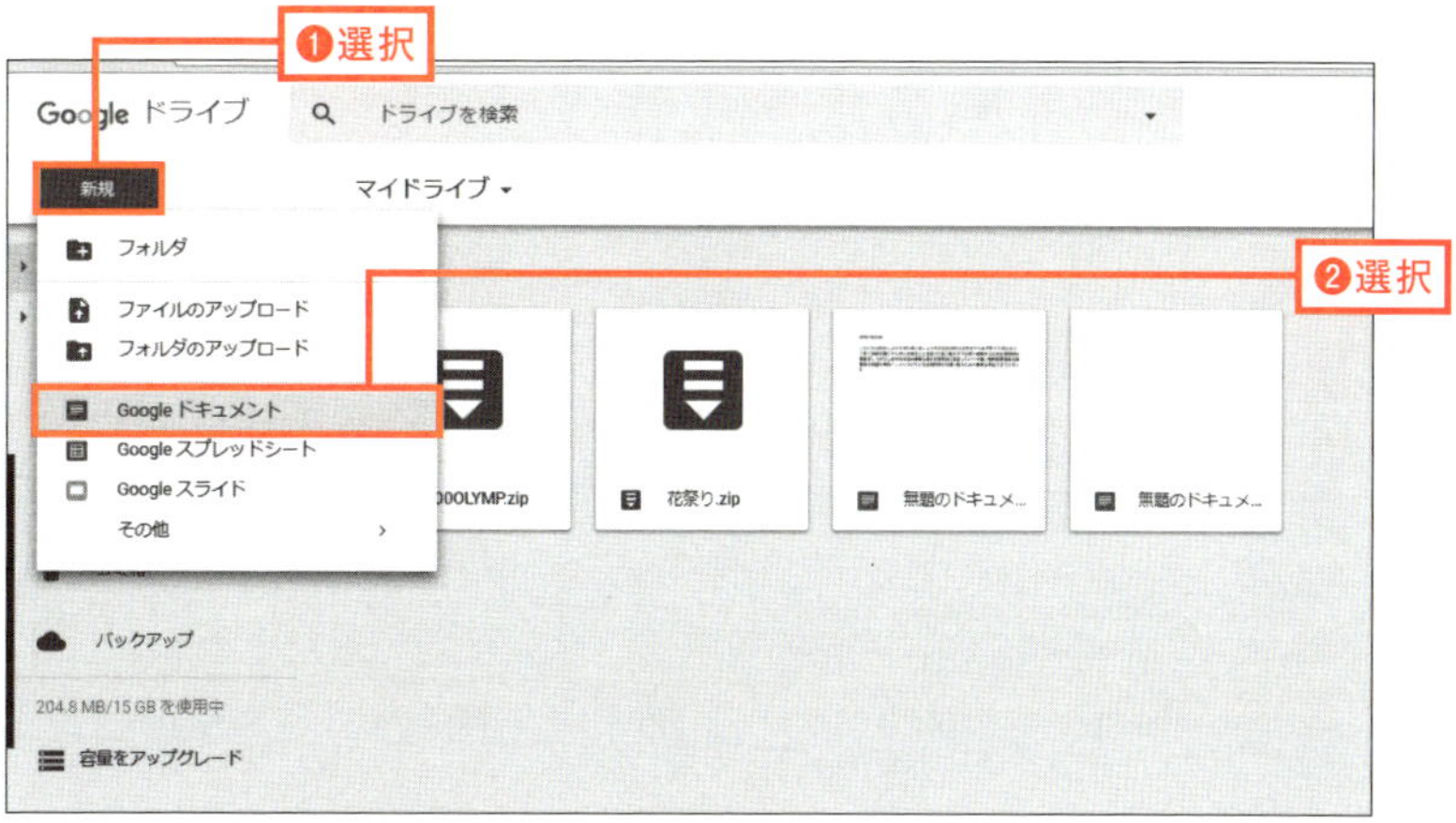

4 グーグルドキュメントの新規作成画面が立ち上がるので、続けて「ツール」（❶）→「音声入力」（❷）を選択する。

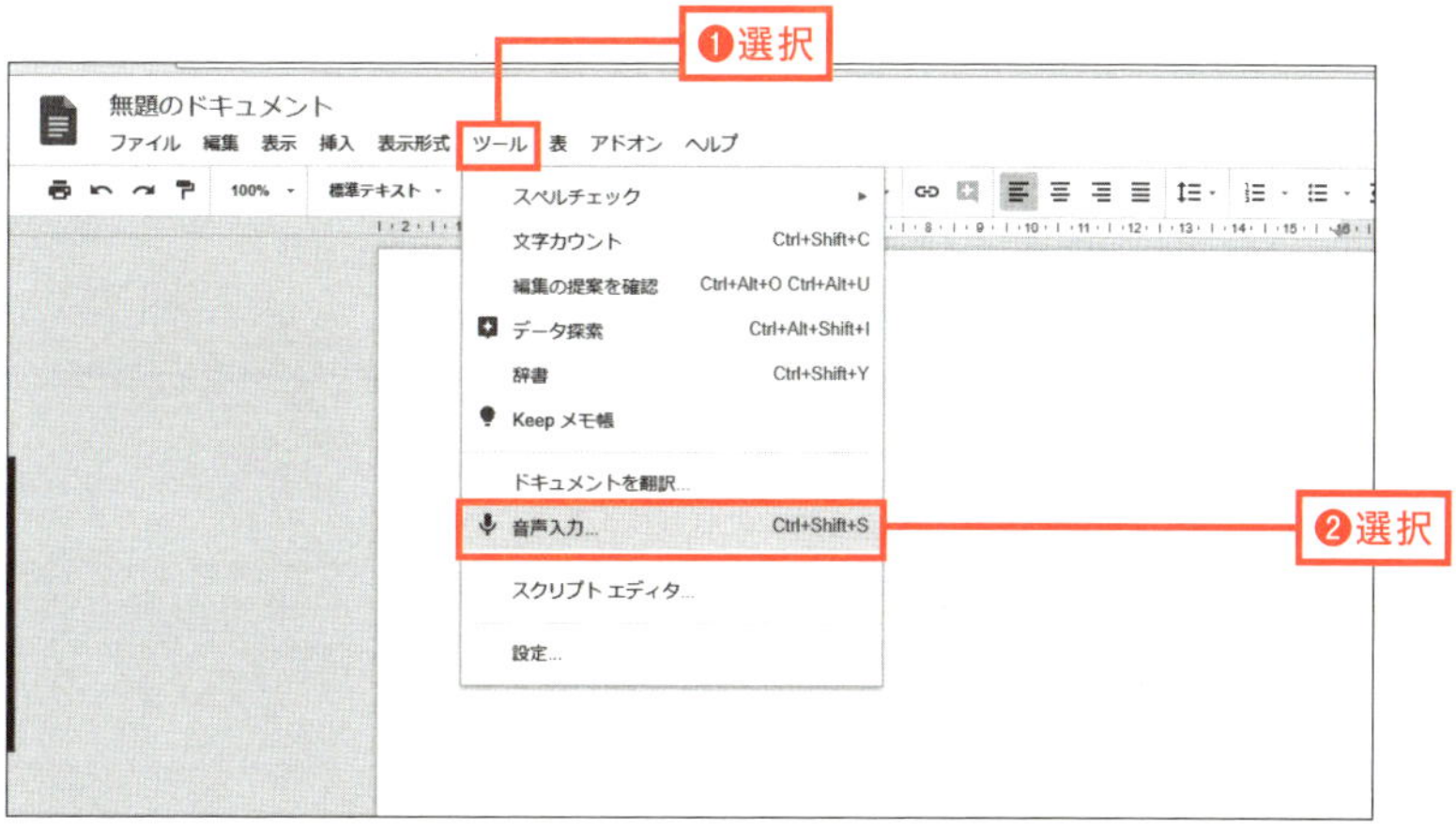

5 マイクのアイコンが出てくるので、これをクリック。マイクのアイコンが赤くなり、音声入力が開始される。

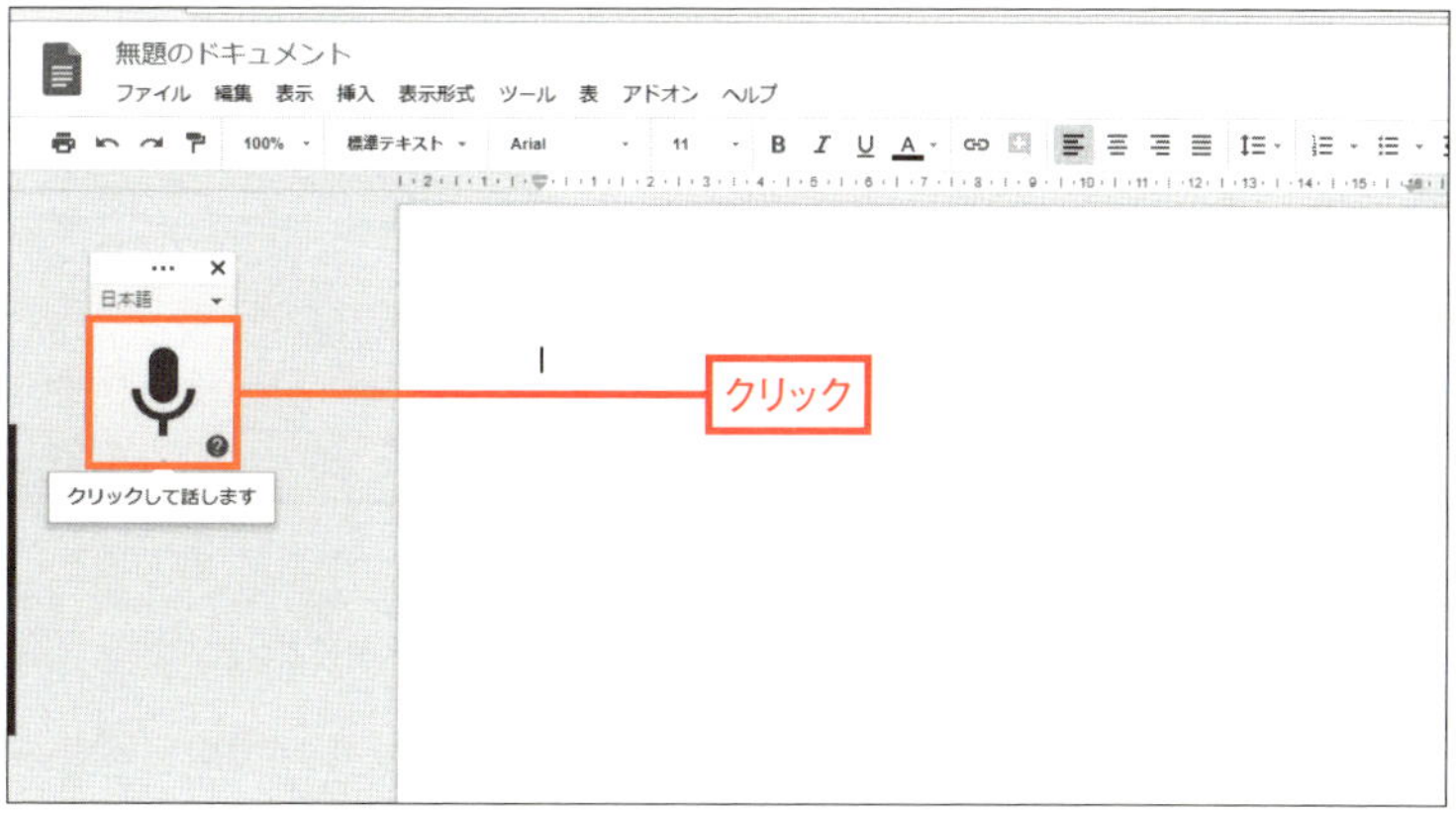

雑談に入れない。入っても何を話せばいいのかわからない

対策

- 最初は聞く、相槌を打つことから始めよう
- 笑顔でうなずいているだけでも大丈夫

事例　雑談の輪に加わっても周りをしらけさせてしまう

昼休みに同僚たちが楽しそうに話しているのが聞こえてきた。自分もちょっと気になる話題だ。話の輪に入りたいと思い近づいて自分が話し出したら、周りは「何を言っているの？」という反応。どうやら既に話題は別のことになっていたようだ。みんな楽しそうにしているから一緒に話をしたいだけなのに……。

原因　複数での会話のスピードについていけない

職場での雑談は会話に明確な目的があるわけではない。したがって、話題はどんどん変わっていくものだ。たとえば最近見た映画の話から発展して使用されていた音楽の話になっていたり、映画を見たあとに食事をしたレストランの話になっていたりする。既に別の話題になっているのにいきなり自分が話したい最初の映画の話をしても、周囲は「えっ？　その話はもう終わったよ」という反応になる。

ＡＳＤの場合は、興味の幅が狭く参加可能な会話が少ないために雑談に加わることが難しかったり、多様な他者の意図に無頓着であることから**自分の好きな分野となると周りの反応を気にせずにひたすら話し続けてしまう**人も多い。雑談ではなく一方的に自分が話したいことを話している状況になっているのだ。

ＡＤＨＤの場合は、**衝動性**から思ったこと（時には人を傷つけるようなこと）をすぐに口にしてしまう。しかも、相手が話し終わる前に自分の話をかぶせてしまうことも多い。

解決法　最初は聞く、相槌を打つことから始めよう

空気も読まずにいきなり会話に入ってきて、自分の話したいことだけを一方的に話す。これでは周りからは「自分勝手な奴」という評価になってしまう。割り切って、「無口キャラ」として雑談には入らないという選択肢もあるが、ここでは雑談の輪に加わるための対策を考える。

会話は話す人と聞く人で成り立っている。二人で話していても、1対多であっても同じだ。雑談に加わる場合は、**まず話している人の話を聞き、相槌を打ちながら話の流れをつかもう。**

自分が話したい話題が続いていたら、話し手の話が終わるタイミングで会話に加わる。

その際注意すべきは自分が話しすぎないことだ。やっと話せる！と一気に自分の言いたいことをまくしたてないようにしたい。相手が30秒話をしたのであれば、自分も30秒というように同じ分量になるようにしたい。

まれに自分の知っている話題だからと同じ社内でも関わりのない人たちの雑談に「あぁ、それは～」と入っていく人がいる。相手を驚かすことになるので勝手に会話に入っていくのは控えよう。

声の大きさに注意する

自分の好きなことを話しているとついつい大きな声になってしまい、気づいたら周囲の人みんなが聞いていたということも。声の大きさには注意しよう。自分で0から5までにそれぞれ声の大きさを設定しておくと使い分けもしやすくなる。

たとえば、次ページのような分け方だ。

笑顔でうなずいているだけでも大丈夫

楽しそうにしているので、一緒にその場に加わりたい場合は無理に自分から話をする必要はない。話をしている人のほうに顔を向け、**笑顔でうなずいているだけでも十分だ。**

声の大きさの設定の例

0

心の中で声には出さない

1

耳もとで話すとき（ヒソヒソ声）

2

隣に座って話すとき

3

複数で話すとき

4

5mくらい先にいる人に声をかけるとき

5

危険を知らせるとき

第6章

人に伝わる文章を書けるようになりたい

書類、プレゼン、メール

メール、業務報告書、企画書など、仕事において「書く」ことは多い。話すことに比べれば、自分の書いたものは見返すことができるのでポイントを押さえておけば改善もしやすい。この章では仕事における「書く」について解説する。

書類を書くとき、伝えるべき要点がわからない

対策

- 読んだ相手に何をして欲しいのかを明確に書く
- 「一文一義」でわかりやすい文章を書く
- 上司が求めているポイントは指示受けの際に確認する

事例

相談をしているつもりなのに、読み手がそう受け取ってくれない

先日訪問したA社の報告書。上司への相談内容も書いていたのに上司からは何の話もない。まだ見てないんだろうか。思い切って「〇〇さん、先日相談した件なんですが……」と声をかけたら、「えっ？ 相談って何の件？」と言われた。

「いや、報告書に書いたじゃないですか」

「報告書に相談事なんて書いてあったっけ？」

「書いていましたよ」

「そうだっけ？」

「ひどいなぁ」

「そうか、で、どういう相談なんだ？」

何とか無事に相談はできたものの、こういうやりとりは少なくない。自分としては相談をしているつもりなのに受け取った相手はそう思ってない。何か自分の書き方に問題があるのだろうか。

原因

読んだ相手にとって読みやすい文章になっていない。読んだ相手に何を求めているのかが示されていない

うまく伝わらない理由は2つ考えられる。

1つ目は、**文章がわかりにくい**ことだ。

ASDの人は過去にコミュニケーションの失敗体験を積んでいることが多い。ここからコミュニケーション全般に躊躇し、その不安感からすべてを説明しようとあ

れもこれもと書いてしまう。あるいは、他者の都合に無頓着で自分本位となりやすいことから、自分の考えていることは相手も承知していると考えてしまう傾向がある。そのため、自分の言いたいことを書き連ねてしまい、相手にとってはわかりにくい文章になるのだ。

また、ADHDの人は頭に浮かんだ内容をそのまま書いてしまうので、話のつながりがわかりにくくなってしまう。

2つ目は、**相手に何を求めているのかが伝わらない**ことだ。

ASDでもADHDでも仕事全体の把握をして段取りを立てることが苦手なことが多い。そのため、納期から逆算していつまでに誰に何をしてもらう必要があるのかをイメージすることが難しい。

たとえば先の事例でいえば、「○○の件で相談に乗って欲しい」ということが最初に明記されていなければならない。それがなく、状況を書いているだけでは読んでも何をしたらいいのか伝わらない。そのため、自分が欲しいアクションも得られない。

解決法　わかりやすい文章で、読んだ相手に何をして欲しいのかを明確に書く

何を言いたいのか、何をして欲しいのかがわかりにくい場合でも心配する必要はない。書くべきポイントが明示されていて型が決まっていれば書くことができる人も多くいる。その点、仕事で書く文書には書く目的と型が決まっている。何を書けばいいのかわからないASDの人も、話があちこちに飛んでわかりにくくなるADHDの人も、**基本となる型を押さえて書く**ことで対策を取ることができる。

仕事で書く文章は書いて終わりではない。書く目的がある。**相手に何をして欲しいからその文章を書くのか、またそのためには何を伝えなければいけないのか**を考えて書くようにしよう。

ポイントになるのは次の6つだ。

①文書を読む相手は誰か？
②相手に何をして欲しいのか？
③そのために何を伝えるのか？
④書いた情報に間違いはないか？
⑤相手にとってわかりやすいか？
⑥文書作成の基本形を押さえているか？

この6つを押さえれば、伝えたいことが相手に届くようになるはずだ。

「一文一義」でわかりやすい文章を書く

よくわかりやすい文章を書くためには**「一文一義」**が大事だといわれる。「AはBである」「CがDの結果になった」のように1つの文に1つの意味ということだ。1つの文に複数の意味が含まれると何が言いたいのかわかりにくくなる。仕事で文章を書くということは創造力を発揮して小説を書くということとは違う。一文は短く、ひとつの意味にしよう。

ビジネス文書の型を覚える

ビジネス文書と呼ばれるものは**型が決まっている**。逆にいえば型さえ押さえておけばおかしなことにならない。曖昧なことが苦手な発達障害の人にとっては、型のあるビジネス文書は実はわかりやすいものなのだ。業務報告書などは会社ごとに規定のフォーマットが決められている場合がある。ない場合は項目を押さえて自分用のフォーマットを作成しておこう。書く分量はA4用紙1枚に収まる範囲にする。

ビジネス文書は、次の順番で文章を構成すれば、型にハマったものになる。

①目的
②結果
③理由
④対策案
⑤所感

事実と自分の感想は分けて書く

読む相手にとって、**何が事実で、何が自分の考えなのかがわかるように分けて書こう**。たとえば報告書の項目でいえば、目的、結果、理由については事実を記載する。対策案が必要な場合は、自分がやる・やれることを前提として自分の考えを書く。所感には報告する業務内容を通じて自分が次に活かしていこうと思うことを記載すると良い。

上司が求めているポイントは指示受けの際に確認する

もし報告書を書く段階になって目的を明確に書くことができない場合は、最初に業務指示を受けたときの確認不足が考えられる。相手の求めるポイントがわからないという特性を考えれば、最初の指示受けの際、**上司に「なぜ、何のために」という目的と業務の成果として何を求められているのかを確認しておく**ことは必須だ。業務の指示を受け報告するまでが1つの仕事ととらえて取り組もう。

自分用の報告書フォーマットの具体例

❻文書作成の基本形を押さえているか?

○年3月1日

田中課長　❶文書を読む相手は誰か?

営業2課　吉田太郎

A社訪問報告書

表題の件につき、下記の通り報告します。

1）面談日時　○年2月28日
2）面談場所　A社ミーティングルーム
3）面談者　△△部長、□□課長
4）訪問目的
・A社HPリニューアルについて具体的なコンテンツとスケジュールを決める

❹書いた情報に間違いはないか?
❺相手にとって、わかりやすいか?

5）結果
・スケジュール：5月末までに完了するように進める
・コンテンツ：3月9日までに先方から具体的なコンテンツについて連絡をいただく

6）理由（背景）　❸そのために何を伝えるのか?
スケジュールについては当初の打ち合わせ通り、5月末完了で進める。
ただし、先方より当初予定に加えて、コンテンツ追加の希望あり。
予算オーバーとなるためA社内で調整が必要となる。
調整に必要な期間は1週間。
そのため3月9日に最終的なコンテンツについては連絡をいただくことになった。

7）対策案（相談）　❷何をして欲しいのか?
相談事項：コンテンツの見直しが入ったものの、スケジュールの完了予定は5月末から変更がありません。そのため全体の作業工数が不足することが見込まれます。人員の調整について別途相談させてください。

8）所感
※自分の意見・感想があれば2～3行で記載する。

書類のレイアウトが変だと言われる

対策

○良いレイアウトの例を蓄積してまずは真似ることから始める
○テンプレートや既存のフォーマットはレイアウトの変更をしない

事例

内容に問題がなければ、多少見にくいレイアウトでも良いんじゃないの？

「ちょっとA君、いいかな」

上司に呼ばれて席の近くに行くと、

「この前提出してくれた報告書の件なんだけど」

「内容に何か問題でもありましたか？」

「いや、内容はいいんだけどさ、もうちょっと見やすいレイアウトにできなかったのかなぁ」と言われた。

「あの、それは具体的にどういうことなんでしょうか？」

「たとえばさ、この余白の部分。こんなに狭くする必要はないでしょ？　文字が紙いっぱいに広がって読みにくいよね？　そう思わない？」

「まあ、そうですね」

一応そうですねとは言ったものの、内容に問題がないんだったらいいじゃないか。だいたい見やすいレイアウトってどういうことなんだ？

原因

余白の必要性がわからない。視空間認知が弱い

ワードで文書を作成すると余白を標準からやや狭いものに、もしくはユーザー設定でギリギリまで狭くしてしまう人がいる。ASDの人は、他者の気持ちをくみ取ったり共感したりすることが苦手だ。そのため、**書類を依頼した人が最終的な完成形としてどんなものを望んでいるのかを想像することが得意ではない**。

ＡＤＨＤの人は、**言いたいことがあれこれと浮かんでくるので使えるスペースは全部使って書きたい**。

どちらも提出した書類が、その後どのように扱われるかまでは考えが及ばないのだ。たとえば穴あけパンチを使って穴をあけてそのファイリングする、あるいは製本するなどの情報が事前にあれば、ギリギリまで余白を狭くすると印刷した文字が欠けてしまうことが理解できるはずだ。

発達障害の人には**地図を読むことや、図形や空間の認知が苦手**という特性の人もいる。そのため行間の取り方や、Ａ４の紙に項目を配置する際のバランスがうまく取れずに、たとえばＡ４縦の用紙に上半分に文字が集中した文書ができあがってしまう場合がある。

解決法　良いレイアウトの例を蓄積して、まずは真似ることから始める

相手がどんなことを望んでいるのかが曖昧であれば、指示されたものと自分のアウトプットにズレが生じるのも当然だ。仕事において作成する文書であれば必ず指示者がいる。自分が作成するものがどのように使用されるのか、**内容や用途については指示を受けたときに必ず確認しよう**。

また、ビジネス文書の型というのは、何も文章だけではない。社内で使用する文書のほかに送付

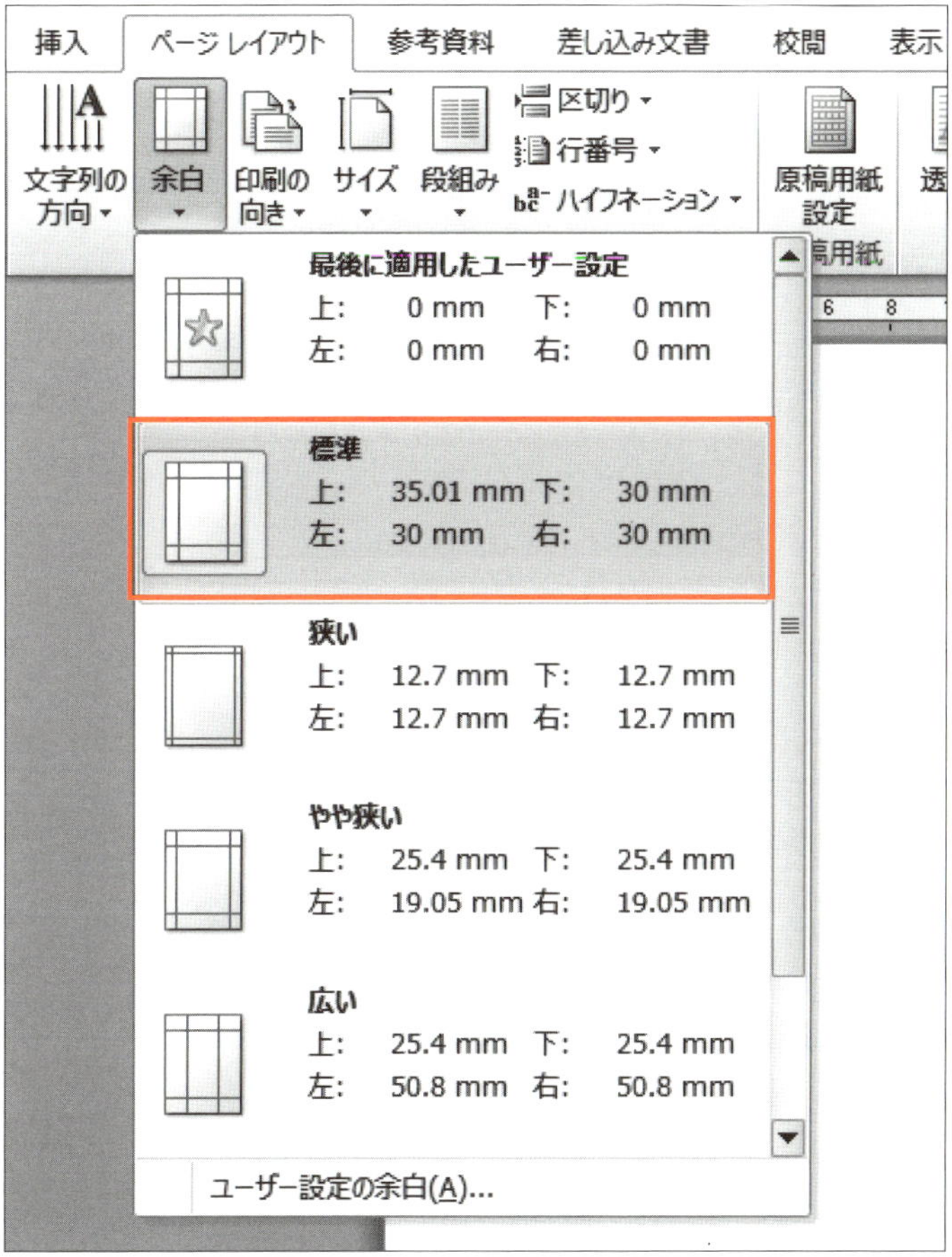

文書の余白は原則標準を使用する。

状、案内状、依頼状、契約書などのように社外に出す文書のレイアウトにも同様に型がある。社外文書の多くは既に社内で使用されているものがあるのだから、一から自分で考えて作る必要はない。自分でわからなければ上司や同僚に具体的に良いレイアウトの文書を見せてもらおう。ウェブ上にもビジネス文書の例文を紹介したサイトが多数ある。参考にするときは文例だけでなく文書全体のレイアウトもわかるものを選ぶと良い。

いくつかのパターンを集めて自分用のファイルを紙とデータで持っておくことで、自分の文書のパターンを増やしていこう。

テンプレートや既存のフォーマットはレイアウトの変更をしない

特に、余白を変更するとせっかくの全体のレイアウトも崩れることになる。余白は原則標準を使う。また、既にレイアウトされた文書は変更しないようにしよう。

レイアウトのポイント

読みやすいレイアウトにするためには、以下に気をつけると良い。

・1行の文字数

横書きの場合、1行の文字数は35字から40字程度が適当

・字間と行間

字間は空きすぎに注意し、行間はややゆとりを持たせる。

・全角文字と半角文字の使用

アルファベットや数字は全角文字か半角文字のどちらかに統一する。

・空白をうまく作る

文字がびっしり詰まった紙面は読みづらい。段落のあと1行空けるなどの工夫で空白領域を作り、紙面にゆとりを持たせるようにすると見やすくなる。

・文字を飾る

強調したい部分は、文字の大きさを変えたり書体を変えたりすると目立つようになる。ただし、乱用すると紙面が見づらくもなる。強調する場合には、件名のみや最も伝えたいことのみに絞る。

ページ設定方法

どうしても1ページに納めたいのに1〜2行オーバーしてしまう。そういう場合はレイアウトのタブからページ設定を開いて行数を変更する。

良いレイアウトのビジネス文書の例

○○○○年○月○日

株式会社○○○○
○○部○○課
課長　○○○○様

■■■■株式会社
■■部　吉田太郎

○○年度　新商品発表会のご案内

拝啓　貴社ますますご清栄のこととお慶び申し上げます。日頃は格別のお引き立てをいただき厚く御礼申し上げます。

さてこのたび、○○年度の新商品発表会を下記の要領で開催いたします。ご多用中誠に恐縮ではございますが、是非ご来臨賜わりますようお願い申し上げます。

敬具

記

1）　日時　○○年○○月○○日○曜日○○時

2）　会場　本社ショールーム

以上

連絡先
■■■■株式会社
■■部　吉田太郎
☎　△△-△△△△-△△△△（直通）

メールでのコミュニケーションがうまく取れない

対策

○メールの型を押さえる

事例　メールの文章にダメ出しされてしまう

「メールの返信、もう少しちゃんと書けないかな？」

「『ちゃんと』とは？」

「さっきメールで送った指示に対しての返信だよ。いきなり『わかりました』だけ書いて返信するんじゃなくてさ。まさかとは思うけどお客様に対してもこういう感じで返信してないよね？」

「してますけど」

「えっ、ちょっと勘弁してよ。そういうの失礼だと思わないの？」

「失礼なんですか？」

「あのね……」

上司に呼ばれてメールの書き方を注意された。「失礼」と言われても、何が「失礼」なんだろう。

原因　論理性の重視やケアレスミス

メールのやりとりにもあいさつ同様、明文化されていない暗黙のルールが存在する。しかも社内向け、社外向けで使う言葉も変化する。周囲の人が経験則で学んでいくものも、論理性を重視するASDの人にとっては**意味が理解できなければ実行に移すのは難しい**。また、周囲の人がどうしているのかということに興味が及ばないので、**一般的な方法があることに気づかない**こともある。

一方、ADHDの人に多いメールの失敗は、件名忘れ、誤字脱字、添付ファイルのつけ忘れなどの**ケアレスミス**だ。

さらに両者に共通するものとして、**繰り返し注意され続けた結**

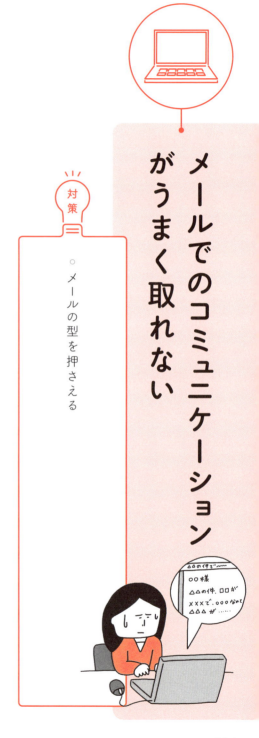

果、メール本文が過剰に敬語を使用してわかりにくい内容になってしまっていることもある。

解決法　とにかく型を押さえる

社内の人だけでなく社外の人ともやりとりが発生するメールでの失敗は、自分だけでなく周囲の人にも影響を与えることになる。メールを使う目的は仕事を円滑に進めるためであり、メールにもコミュニケーション上のルールがある。「当たり前」として共有されているルールから外れるとメールを受け取った相手から「失礼だ」という印象を持たれたり誤解されたりすることになる。繰り返し指摘を受け、メールに対して苦手意識がある人もいるだろう。まずはメールのやりとりの型を押さえておくことで、基本的な対応はできるようにしておこう。

電子メールにも型がある

日常のやりとりで「書く」のはLINEなどに代表されるSNSが多いだろう。SNSや電子メールは文字を介して人とコミュニケーションを取るための道具だ。

では、SNSと電子メールは何が違うのか。その違いは2つある。ひとつは**「件名」が必要なこと**、そしてもうひとつはコミュニケーションの相手が取引先を含め仕事に関わる人であるため**発言に責任が生じること**だ。原則は、ビジネス文書同様に**読んだ相手に何をして欲しいのかを「正確・明瞭・簡潔」に書く**。

電子メールは記号の活用や、1行空けて見やすくする

HTML形式を使用する会社が増えてきているものの、仕事ではセキュリティの観点からテキスト形式が中心だ。では、強調やフォントの変更ができないテキスト形式を見やすくするにはどうしたら良いだろうか。次ページに挙げたのは、メール文書の例だ。どちらがわかりやすいだろうか？

多くの人は右側と答えるだろう。左右の違いは、次の通りだ。

- 1行は30文字程度
- 3～4行で1行空ける
- 強調には記号を活用する
- 並列の情報は箇条書きにする

同じ内容でも、こうしたことに注意すればぐっと見やすくなる。

メール作成時の注意点

メールを作成する際には、次のことに注意する。

①件名は用件を的確に表現する

②容量の大きな添付ファイルは大容量ファイル転送サービスを利用する

↓会社によっては添付ファイルの容量に制限を設けているところもある。せっかくメールを送っても受信できないことになってしまう

③改ざんできないようにするため、PDFにする

④頭語・結語・時候のあいさつは不要

↓メール文においては使用しない。その代わりに使うのが社外であれば「お世話になっております」社内であれば「お疲れ様です」という言葉だ

⑤部長様は不適切な敬語

↓メール文に限らず、ビジネス文書においては■■部長様ではなく「部長　■■様」である

⑥1行の文字数は35～40文字が目安

↓先の電子メールのレイアウト例で示した通り

⑦原則、HTMLは使わない

↓セキュリティと表示の問題

⑧相手に起こして欲しいアクションを明確にする

↓今回送付した資料を見て、相手に何をして欲しいのか、たとえば近々開催される展示会に来て欲しいとか、詳しく説明するために会って欲しいなどを具体的に書く

メール返信時の注意点

メールの返信は**受信したメールへの返信の形式**で行う。そうすることで内容の確認がしやすくなることや、お互いのやりとりが記録されることになるので、言った・言わないなどのすれ違いを防ぐことにつながる。何よりメールの送り間違いもなくなる。

見やすい文書はどっち？

　いつもお世話になっております。株式会社●●営業部の◆◆◆◆です。本日は、特約店会のご案内でメールをお送りしました。新春特約店会を下記の通り、開催いたします。今回は、今までにない全く新しい風味の喉越しのビールです。ご多用中とは存じますが、ぜひお試しいただきたく、ご来場くださいますよう、よろしくお願い申し上げます。

　日時は平成３０年１月１５日（月）、１６日（火）、１７日（水）午前１１時より午後５時まで。会場は▲▲グランドホテルです。（添付の地図をご参照ください）。なお、郵送にて案内状を送付いたしましたので、そちらもあわせてご参照ください。


いつもお世話になっております。

株式会社●●営業部の◆◆◆◆です。


本日は、特約店会のご案内でメールをお送りしました。

新春特約店会を下記の通り、開催いたします。

今回は、今までにない全く新しい風味の喉越しのビールです。

：：：：：：：：：：：：：：：：：：：：：：：：：：：：：：：：
平成30年度　新春特約店会
：：：：：：：：：：：：：：：：：：：：：：：：：：：：：：：：

◆日時　　平成30年1月15日（月）、16日（火）、17日（水）
　　　　　午前11時より午後5時まで
◆会場　　▲▲グランドホテル（添付の地図をご参照ください）

　ご多用中とは存じますが、ぜひお試しいただきたく、ご来場くださいますよう、よろしくお願い申し上げます。

なお、郵送にて案内状を送付いたしましたので、そちらもあわせてご参照ください。

メール作成時の注意点

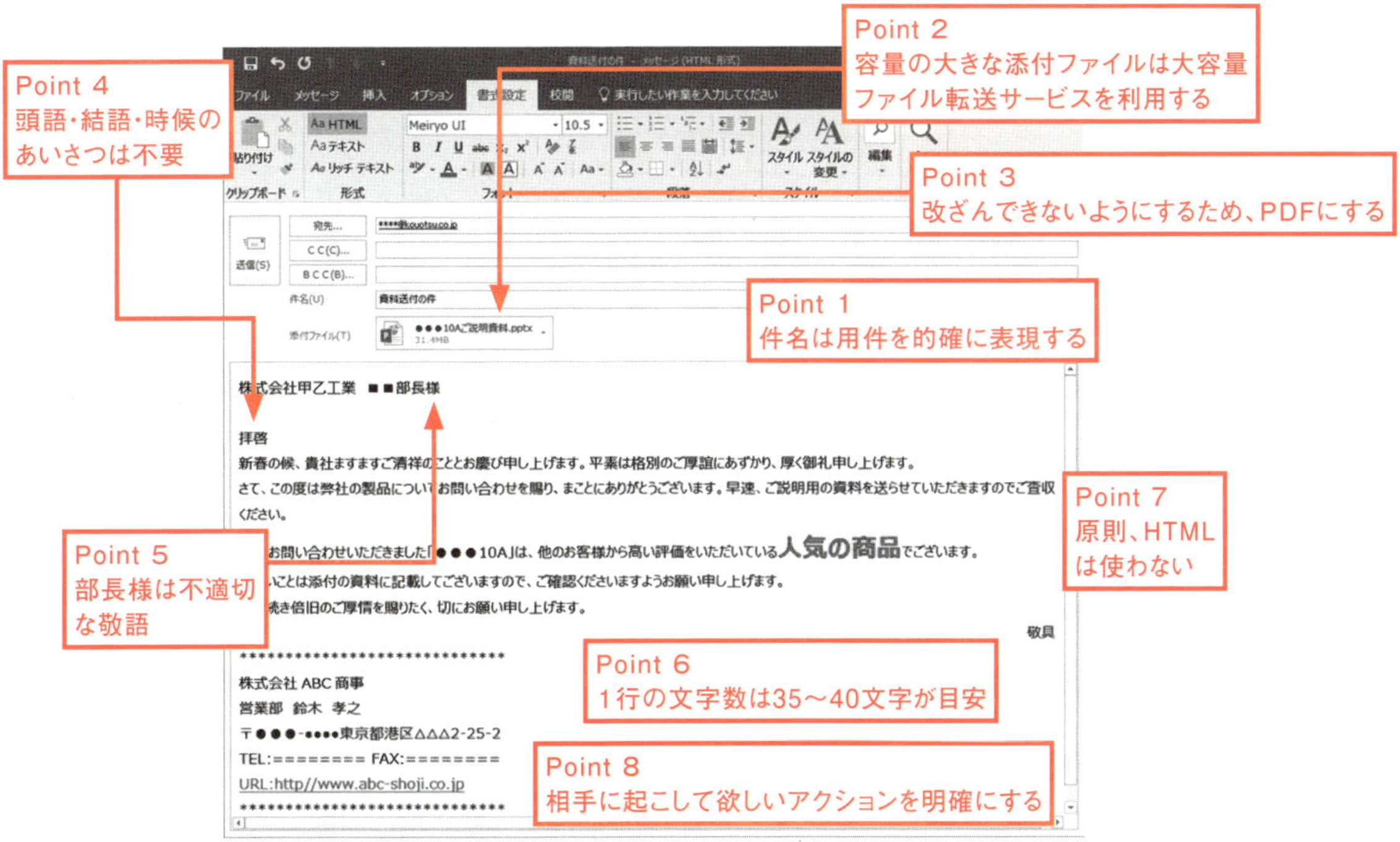

改善例

プレゼンが下手と言われる

対策

- プレゼンの目的を確認し要約を作成する
- パワーポイントのアウトライン機能を活用する

事例

パワポを使ってプレゼンするように言われたが、どうすればいいかわからない

今度の会議で今やっている業務の状況について報告することになった。上司からは「他部署の人も参加する会議だからパワポを使ってわかりやすくね」と言われた。

「それってプレゼンってことですか?」

「そうだよ、よろしく」

よろしくと言われても、プレゼンは苦手だ。だいたい自分が話していると「いや、今その話じゃないから」とか「そこはもう少し詳しく話して」とか言われることが多いのに。次の会議、憂鬱だな。その点、Aさんなんかプレゼンがうまいし、プレゼンの最中に笑いも取れてすごいよな。何が違うんだろう?

原因

求められているプレゼンの目的に沿っていない

衝動的な発言をしやすいADHDタイプは、**話をしている途中であれこれと考えが浮かび、早口でそのまま口に出してしまう。**そのため本来のプレゼンの目的から逸れた話題にどんどん展開していってしまい、周囲から「今、その話題じゃないから」と言われてしまう。

一点集中になりやすいASD

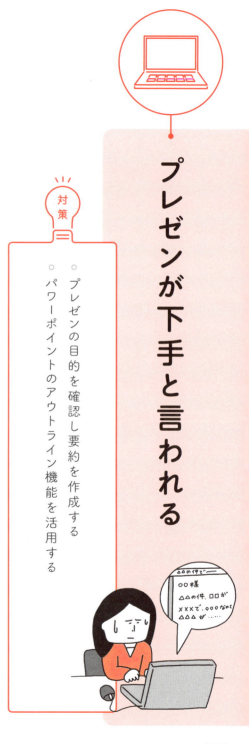

タイプは、**自分の興味関心のある部分を事細かに話しすぎてしまう**。そのため他の部分について「もう少し詳しく」と言われてしまう。

どちらも共通するのは相手が求めているポイントに合っていないということだ。結果として相手に伝わらないプレゼンになってしまう。

解決法　プレゼンの目的を明確にしてから着手する。そして繰り返し発表練習

言いたいことが次々と浮かんでくる、あるいは何を伝えたら良いのか絞り切れず固まってしまう。そういう状態でプレゼンだからといきなりパワーポイントを立ち上げ、真っ白な画面を前に腕組みしているということはないだろうか。最初にやるべきことは持ち時間を確認し、

- **プレゼンをする目的は何なのか**
- **そのために伝えるべきことは何か**
- **何を見せれば相手に伝わるのか**

を考えることだ。これが固まったら全体の構成（ストーリー）を考え、必要な資料やデータを集めてスライド作成に着手だ。

加えて大事なことは、**できあがったスライドを基に時間内に収まるよう繰り返し発表練習を行う**ことだ。話すスピード、声の大きさに注意しよう。話すスピードは1分間に300～350文字を目安にしよう。また声の大きさは174ページで紹介した0から5段階の4が目安だ。どんなに良い内容で

要約の具体例

「現在のサービスAの課題は○○という点にある。そこで、現在その改善に取り組んでいる。実現できれば、顧客満足度を上げることにつながり、加えて今まで我が社の顧客ではなかった人たちに対して我が社のサービスを選んでもらえるようになる。具体的には競合B社、C社のサービスと比較して、○○という点においてより利便性の高いサービスを提供することが可能となる。顧客拡大につながる業務であり他部署の方々にも協力・アドバイスをいただきたい」

パワーポイントのアウトライン機能

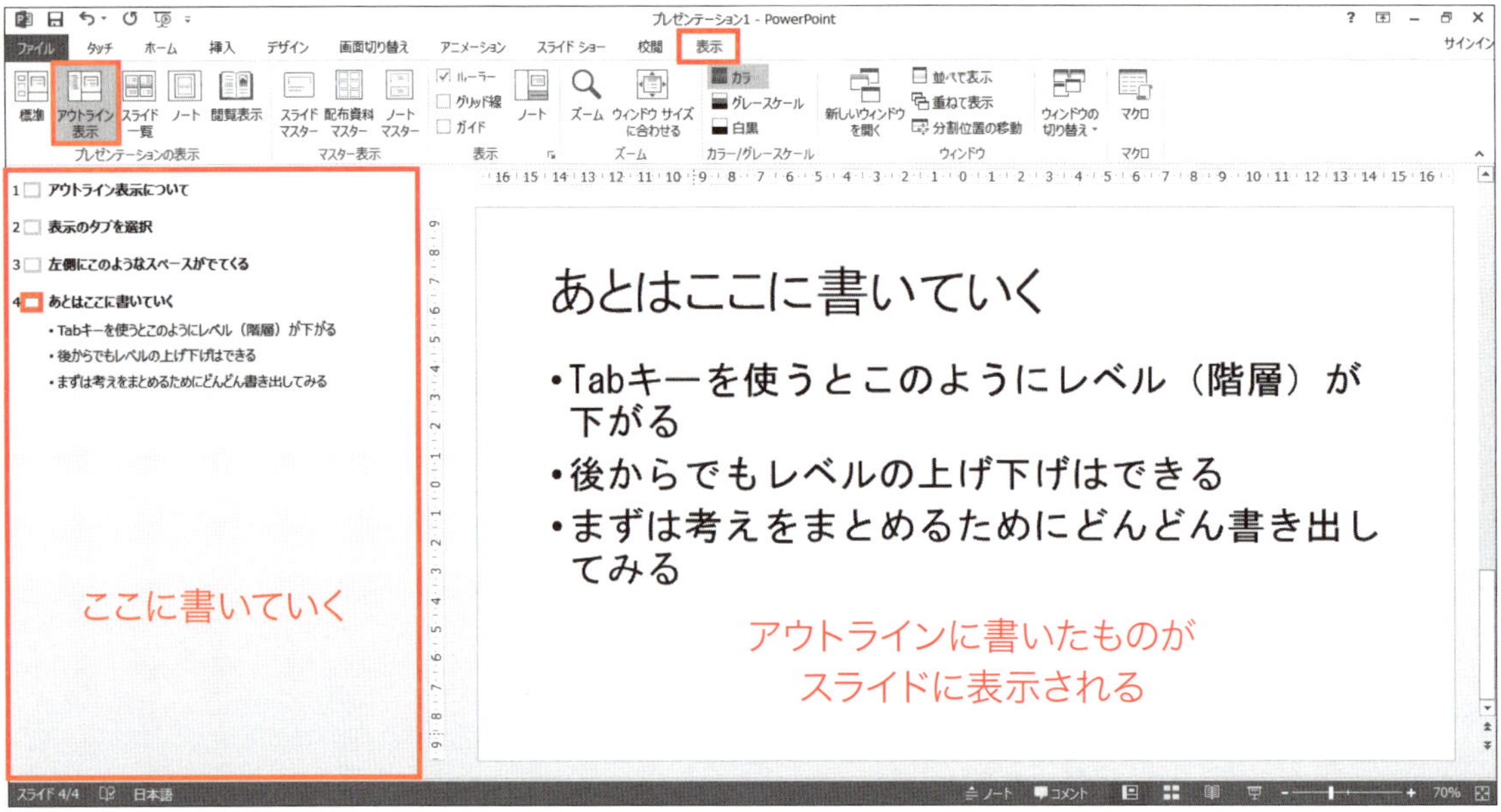

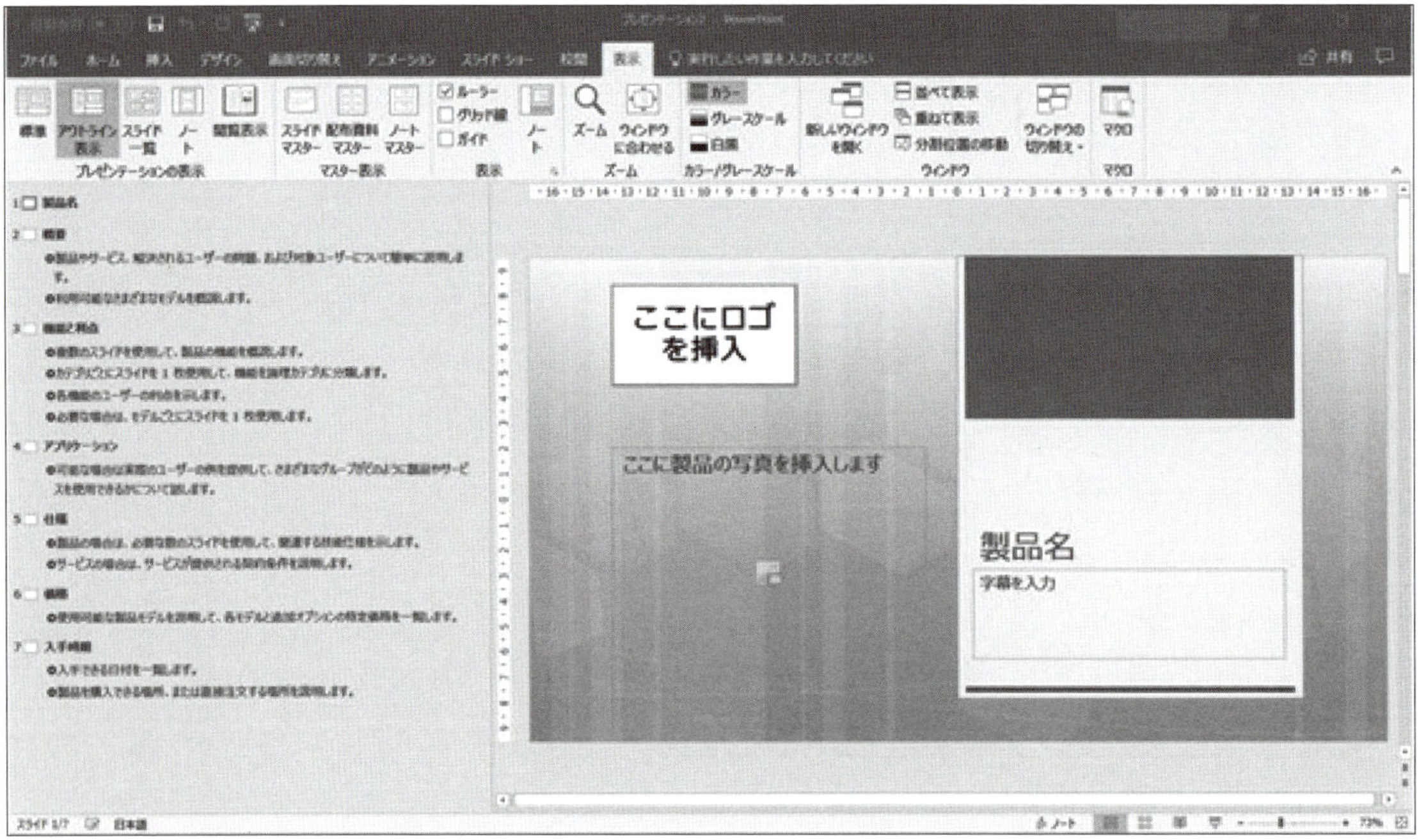

も相手が聞き取れなければ伝わらないのだ。

プレゼンの目的を確認し要約を作成する

たとえば、会議で業務内容を報告するのは何のためなのか。報告を聞いた相手に何をして欲しいのかが明確になっていなければならない。曖昧なら必ず上司に確認する。そして、**今回のプレゼンを通じて相手に伝えたいことを200文字で書いてみよう。**

パワーポイントのアウトライン機能を活用する

パワーポイントには**アウトライン機能**というものがある。アウトラインとは「あらまし」「あらすじ」を意味する。作成した要約を基に、このアウトライン機能を活用することでプレゼン全体の構成を考えることができる。表示タブのアウトライン表示を選択すると左側に出てくる。アウトラインに記入していくと右側のスライドに文字が表示される。作成した要約を基に、まずはアウトライン機能を使って話す内容を整理していこう。

プレゼンの時間に合わせてスライド枚数を考える

スライドは**1枚当たり1分**というのが一般的な目安とされている。枚数が多すぎても少なすぎても十分に内容を伝えることができなくなってしまう。たとえば発表時間が10分であればスライドは10枚というように枚数を考えよう。

テンプレートを活用する

パワーポイントにも多くのテンプレートが用意されている。構成の参考にもなるので、うまく活用しよう。

配色と文字サイズに注意する

文字サイズは相手に見えるサイズでなければ意味がない。最低でも24ポイント以上の大きさにしよう。また、強調するためにフォントやフォントの色を変更しても良い。

しかし、やりすぎては何が大事なのかわからなくなってしまう。**変更する箇所はスライド内で1カ所**にしよう。

また、**背景の色と文字の色にも注意が必要**だ。スクリーンに映してみたときに見えないようでは相手に伝わらない。原則背景は白、文字色は黒にしておこう。

アニメーションはシンプルに

パワーポイントには多くのアニメーション機能が備わっている。ついつい使いたくなってしまうものだ。しかし、スライドごとに文字やオブジェクトが動き回っていては相手も動きが気になって話に集中できなくなってしまう。アニメーションは最低限に抑える、もしくは使わないという選択をしても良い。

繰り返し練習する

発表のための原稿は必ず作成する。**一言一句自分が話す言葉で書くこと**がポイントだ。持ち時間内に収まるように最低5回は練習したい。話す声の大きさとスピードにも注意が必要だ。相手が聞き取れるスピード、相手に聞こえる大きさでなければ伝えたいことが伝わらない。また時間内に収まらないようなら発表内容を削らなければいけない。原稿を作成しておけば、ムダなところはないか原稿を見ながら削っていくことができる。目的に照らし合わせて優先順位の低いものから削っていこう。

質疑応答のための想定問答集を準備する

突発的なことへの対応が苦手なASDの人、あれこれを話しすぎてしまうADHDの人にとってはプレゼンが終わっても最後の難関が残っている。質疑応答だ。

せっかくプレゼンを乗り切ってもその後の質疑応答でパニックになって黙り込んでしまう。答えているうちに話がどんどん展開して余計な話をしてしまうこともあるだろう。事前に**想定問答集**を準備して備えよう。どんな質問があるか想像ができない場合は、必ず過去にどんな質問があったのかを上司や同僚に聞く。それでも想定外の質問が出た場合は、質問者の意図を正確に把握するために、質問内容を復唱確認してから答える。ASDの人ですぐに言葉が出てこなければ焦らず「少しお時間をください」と断ってから考えて答える。ADHDの人は質問者が話し終わる前にかぶせて答え出してしまうこともあるので、質問は最後まで聞いて質問された内容にのみ答えるようにしよう。

Column

仕事選びのポイント

どうしても今の職場で適応が難しく、配慮やフォローも望めないとなれば転職を決意することもやむを得ない。

その場合に重要になるのは、まず自分の傾向を分析し、苦手なところとぶつからない、得意な部分を活かせる職場を選ぶことだ。それには仕事内容もさることながら、職場の雰囲気や仕事のやり方なども重要なポイントになる。

就職する前にそれを知るには、ほとんどの会社の場合、そのチャンスは面接しかない。

内定を得るだけで精一杯だ、という考えもあるかもしれないが、転職先でまた同じ轍を踏まぬよう、できる限りの情報は得ておきたい。

以下に、面接時の質問のポイントを挙げておこう。

- **「御社の職場の雰囲気や人間関係はいかがでしょうか」**

相手が迷わず家族的、仲の良い、交流が活発などの回答を返してきた場合、職場内で頻繁なコミュニケーションを求められる可能性がある。

- **「自分の業務については、マニュアルや研修制度は用意されていますか」**

この質問に対する回答が曖昧だったり、以前の会社で自分がうまくいかなかった教えられ方（「OJT」や「先輩からの指導」など）であった場合は、前職と同じような問題に直面してしまう可能性が高い。

- **「私の業務については、明確に決められていますか。求人票以外の仕事を受けたり、あるいは異動になったりといった可能性はありますか」**

ASD傾向の場合、業務範囲が曖昧だったり、環境が大きく変化する異動があったりといった職場は望ましくない。

- **「御社の評価制度では、特にどんな点が重視されますか」**

あらかじめ目標が定められ、その達成が評価と結びついているのであればASD傾向の人には相性が良いだろう。一方でADHDの場合には、傾向にもよるがオリジナリティや新規開拓などが認められる会社で大きな評価を受けられる可能性がある。障害一般よりは、自分個人の傾向をよく分析した上で、それが有利になる評価制度であるかどうかを確認したほうが良い。

以上の例は発達障害によく見られる傾向を前提に挙げたが、実際のところ発達障害の症状はそれぞれ異なる。できれば支援機関の助けも借りながら自己分析を行い、自分にとって必要な条件は何であるか、それを確かめるためには何を質問すれば良いかをよく相談・検討するのがベストだろう。

本書内容に関するお問い合わせについて

このたびは翔泳社の書籍をお買い上げいただき、誠にありがとうございます。弊社では、読者の皆様からのお問い合わせに適切に対応させていただくため、以下のガイドラインへのご協力をお願い致しております。下記項目をお読みいただき、手順に従ってお問い合わせください。

●ご質問される前に

弊社 Web サイトの「正誤表」をご参照ください。これまでに判明した正誤や追加情報を掲載しています。

正誤表　https://www.shoeisha.co.jp/book/errata/

●ご質問方法

弊社 Web サイトの「書籍に関するお問い合わせ」をご利用ください。

書籍に関するお問い合わせ　https://www.shoeisha.co.jp/book/qa/

インターネットをご利用でない場合は、FAX または郵便にて、下記“翔泳社 愛読者サービスセンター”までお問い合わせください。電話でのご質問は、お受けしておりません。

●郵便物送付先および FAX 番号

送付先住所　〒 160-0006　東京都新宿区舟町 5

FAX 番号　03-5362-3818

宛先　(株)翔泳社 愛読者サービスセンター

●回答について

回答は、ご質問いただいた手段によってご返事申し上げます。ご質問の内容によっては、回答に数日ないしはそれ以上の期間を要する場合があります。

●ご質問に際してのご注意

本書の対象を越えるもの、記述個所を特定されないもの、また読者固有の環境に起因するご質問等にはお答えできませんので、予めご了承ください。

※本書に記載されている情報は、2018 年 3 月執筆時点のものです。

※本書に記載された商品やサービスの内容や価格、URL 等は変更される場合があります。

※本書の出版にあたっては正確な記述につとめましたが、著者や出版社などのいずれも、本書の内容に対してなんらかの保証をするものではなく、内容やサンプルに基づくいかなる運用結果に関してもいっさいの責任を負いません。

※ネットワークや情報機器を扱う方法につきましては、ご所属の団体のセキュリティポリシーに基づき担当者とのご相談の上でご利用ください。

[著者プロフィール]

對馬陽一郎（つしまよういちろう）

2009年5月　特定非営利活動法人さらプロジェクト入職。発達障害のほか、精神・知的・身体などさまざまな障害の人へ向けて職業訓練を行っている就労移行支援事業所「さら就労塾@ぽれぽれ」にて、パソコンや事務作業を中心とした職業訓練を担当する。著書に『ちょっとしたことでうまくいく発達障害の人が上手に働くための本』（翔泳社）がある。

安尾真美（やすおまさみ）

2012年9月　特定非営利活動法人さらプロジェクト入職。就労移行支援事業所「さら就労塾@ぽれぽれ」で、主に就労支援を担当する。また、就労に困難を抱える大学生や若者の支援活動も行っている。

さら就労塾@ぽれぽれ　http://sarapore.jp/

[監修者プロフィール]

林寧哲（はやしやすあき）

精神科医。日本精神神経学会認定精神科専門医。ランディック日本橋クリニック院長。1993年9月北里大学医学部卒。北里大学耳鼻咽喉科頭頸部外科、国立相模原病院耳鼻科、国立療養所晴嵐荘病院循環器科などを経て、2003年9月福島県立医科大学医学部神経精神医学講座に入局、同大学院研究生。2004年5月東京・日本橋にランディック日本橋クリニックを開業。大人の発達障害の診断や治療を中心に活躍。休診日には、東京都内の保健センターや教育相談センターなどで相談員、スーパーバイザーとして心の悩み相談を受けるほか、発達障害についての理解を深める講演会の講師を務めている。著書に『発達障害かもしれない大人たち』（PHP研究所）がある。

装丁・本文デザイン　小口翔平＋岩永香穂＋喜來詩織（tobufune）
イラスト　高村あゆみ
本文DTP・図版　一企画

ちょっとしたことでうまくいく
発達障害の人が会社の人間関係で困らないための本

2018年 4 月18日　初版第1刷発行
2023年 2 月15日　初版第6刷発行

著　者　對馬《つしま》 陽一郎《よういちろう》・安尾《やすお》 真美《まさみ》
監　修　林《はやし》 寧哲《やすあき》
発行人　佐々木 幹夫
発行所　株式会社 翔泳社（https://www.shoeisha.co.jp）
印刷・製本　株式会社 加藤文明社 印刷所

本書へのお問い合わせについては、194ページに記載の内容をお読みください。

造本には細心の注意を払っておりますが、万一、乱丁（ページの順序違い）や落丁（ページの抜け）がございましたら、お取り替えいたします。03-5362-3705までご連絡ください。

ISBN978-4-7981-5487-9　Printed in Japan